GRöLS Verlage

„BÜCHER SIND WIE FALLSCHIRME. SIE NÜTZEN UNS NICHTS, WENN WIR SIE NICHT ÖFFNEN.“

Gröls Verlag

Redaktionelle Hinweise und Impressum

Das vorliegende Werk wurde zugunsten der Authentizität sehr zurückhaltend bearbeitet. So wurden etwa ursprüngliche Rechtschreibfehler *nicht* systematisch behoben, denn kleine Unvollkommenheiten machen das Buch – wie im Übrigen den Menschen – erst authentisch. Mitunter wurden jedoch zum Beispiel Absätze behutsam neu getrennt, um den Lesefluss zu erleichtern.

Um die Texte zu rekonstruieren, werden antiquarische Bücher von Lesegeräten gescannt und dann durch eine Software lesbar gemacht. Der so entstandene Text wird von Menschen gegengelesen und korrigiert – hierbei treten auch Fehler auf. Wenn Sie ebenfalls antiquarische Texte einreichen möchten, finden Sie weitere Informationen auf www.groels.de

Viel Freude bei der Lektüre wünscht Ihnen das Team des Gröls-Verlags.

Adressen

Verleger: Sophia Gröls, Im Borngrund 26, 61440 Oberursel

Externer Dienstleister für Distribution & Herstellung: BoD, In de Tarpen 42, 22848 Norderstedt

Unsere „Edition | Werke der Weltliteratur“ hat den Anspruch, eine der größten und vollständigsten Sammlungen klassischer Literatur in deutscher Sprache zu sein. Nach und nach versammeln wir hier nicht nur die „üblichen Verdächtigen“ von Goethe bis Schiller, sondern auch Kleinode der vergangenen Jahrhunderte, die – zu Unrecht – drohen, in Vergessenheit zu geraten. Wir kultivieren und kuratieren damit einen der wertvollsten Bereiche der abendländischen Kultur. Kleine Auswahl:

Francis Bacon • Neues Organon • **Balzac** • Glanz und Elend der Kurtisanen • **Joachim H. Campe** • Robinson der Jüngere • **Dante Alighieri** • Die Göttliche Komödie • **Daniel Defoe** • Robinson Crusoe • **Charles Dickens** • Oliver Twist • **Denis Diderot** • Jacques der Fatalist • **Fjodor Dostojewski** • Schuld und Sühne • **Arthur Conan Doyle** • Der Hund von Baskerville • **Marie von Ebner-Eschenbach** • Das Gemeindekind • **Elisabeth von Österreich** • Das Poetische Tagebuch • **Friedrich Engels** • Die Lage der arbeitenden Klasse • **Ludwig Feuerbach** • Das Wesen des Christentums • **Johann G. Fichte** • Reden an die deutsche Nation • **Fitzgerald** • Zärtlich ist die Nacht • **Flaubert** • Madame Bovary • **Gorch Fock** • Seefahrt ist not! • **Theodor Fontane** • Effi Briest • **Robert Musil** • Über die Dummheit • **Edgar Wallace** • Der Frosch mit der Maske • **Jakob Wassermann** • Der Fall Maurizius • **Oscar Wilde** • Das Bildnis des Dorian Grey • **Émile Zola** • Germinal • **Stefan Zweig** • Schachnovelle • **Hugo von Hofmannsthal** • Der Tor und der Tod • **Anton Tschechow** • Ein Heiratsantrag • **Arthur Schnitzler** • Reigen • **Friedrich Schiller** • Kabale und Liebe • **Nicolo Machiavelli** • Der Fürst • **Gotthold E. Lessing** • Nathan der Weise • **Augustinus** • Die Bekenntnisse des heiligen Augustinus • **Marcus Aurelius** • Selbstbetrachtungen • **Charles Baudelaire** • Die Blumen des Bösen • **Harriett Stowe** • Onkel Toms Hütte • **Walter Benjamin** • Deutsche Menschen • **Hugo Bettauer** • Die Stadt ohne Juden • **Lewis Caroll** • *und viele mehr….*

Rudolf Steiner

Die Prüfung der Seele

Inhalt

Personen, Gestalten und Vorgänge

Die geistigen und seelischen Erlebnisse der Menschen, welche in dieser „Prüfung der Seele“ gebildet sind, stellen eine Fortsetzung derjenigen dar, welche in dem früher von mir erschienenen Lebensbilde „Die Pforte der Einweihung“ vorgeführt worden sind.

Professor Capesius

Benedictus:
Hierophant des Sonnentempels

Philia, Astrid, Luna:
Die geistigen Wesenheiten, welche Verbindung der menschlichen Seelenkräfte mit dem Kosmos vermitteln, nicht allegorisch, sondern so, wie sie für die geistige Erkenntnis Realität sind.

Die andere Philia:
Die geistige Wesenheit, welche die Verbindung der Seelenkräfte mit dem Kosmos hemmt.

Die Stimme des Gewissens

Maria

Johannes Thomasius

Doktor Strader

Felix Balde

Frau Balde

Der Doppelgänger des Johannes Thomasius

Lucifer

Ariman

Sechs Bauern und sechs Bäuerinnen

Simon, der Jude
vorige Inkarnation des Doktor Strader

Thomas
vorige Inkarnation des Johannes Thomasius

Ein Mönch
vorige Inkarnation Maria's

Der Grossmeister
Oberhaupt eines Zweiges einer mystischen Brüderschaft

Erster Präzeptor

Zweiter Präzeptor
derselben Brüderschaft, vorige Inkarnation des Professors Capesius

Erster Zeremonienmeister

Zweiter Zeremonienmeister
derselben Brüderschaft

Der Geist des Benedictus

Joseph Kühne
vorige Inkarnation des Felix Balde

Frau Kühne
vorige Inkarnation der Frau Balde

Berta
deren Tochter, vorige Inkarnation der andren Maria in der „Pforte der Einweihung"

Cäcilia
genannt Cilli, Kühnes Pflegetochter, vorige Inkarnation der Theodora in der „Pforte der Einweihung"

Theodosius
Hierophant des Sonnentempels

Romanus
Hierophant des Sonnentempels

Die Ereignisse des sechsten, siebenten, achten und neunten Bildes sind der Inhalt der geistigen Rückschau des Capesius in sein voriges Leben. Dieselbe Rückschau erleben (wie die Darstellung selbst zeigt) zugleich Maria und Johannes Thomasius, nicht aber Strader, dessen vorige Inkarnation nur von Capesius, Maria und Johannes geschaut wird. Die

Bilder der Rückschau in das vierzehnte Jahrhundert sind als Ergebnisse der imaginativen Erkenntnis gedacht und stellen sich daher gegenüber der Geschichte als idealisierte Darstellung von Lebensverhältnissen dar, die in der physischen Welt nur durch ihre Wirkungen erkennbar sind. Die Art der Lebenswiederholung (von Vorgängen des vierzehnten Jahrnunderts in der Gegenwart) darf nicht als etwas allgemein gültiges aufgefaßt werden, sondern als etwas, das nur an einem Zeitenwendepunkt geschehen kann. Daher sind auch die Konflikte, wie sie hier dargestellt werden, als Folgen aus einem vorigen Leben *nur* für einen solchen Zeitabschnitt möglich.

Erstes Bild

Ein Bibliothek- und Studierzimmer des Capesius. Brauner Grundton. Abendstimmung. (Capesius dann Geistgestalten, die Seelenkräfte sind; hernach Benedictus. Dieses und die folgenden Bilder stellen Ereignisse dar, welche mehrere Jahre nac der Zeit liegen, in welcher „Die Pforte der Einweihung" spielt.)

Capesius: (lesend in einem Buche)
„Ins Wesenlose blickend mit dem Seelenauge
und in des Denkens Schattenbildern
nach selbstgemachten Regeln träumend –:
So forschet oft des Menschen irrend Wesen
nach Sinn und Ziel des Lebens.
Aus Seelentiefen will es Antwort holen
auf Fragen, die nach Weltenweiten zielen.
Doch solches Sinnen lebt im Wahne schon
bei seinen allerersten Schritten
und sieht zuletzt die Geistesblicke
Oohnmächtig sich nur selbst verzehren."
(Das Folgende sprechend):
So prägt in ernsterfüllte Worte
des Benedictus Sehergeist

die Seelenbahn gar vieler Menschen.
Vernichtend trifft mich jedes dieser Worte – –,
des eignen Lebensweges Bild,
sie malen mir es grausam wahr.
Und wenn ein Gott in dieser Stunde
aus wilder Stürme Macht
im Zorne sich mir nahen wollte,
es könnten seine Schreckgewalten
entsetzensvoller mich nicht quälen,
als dieser Schicksalsworte Kraft.
In einem langen Menschenleben
hab ich gewoben nur in Bildern
die schattenhaft sich zeichnen
im Seelentraum, der wahnbefangen
Natur und Geistestaten spiegelt,
und der aus seinem Traumgewebe
gespenstig Weltenrätsel lösen will.
Ich wandte nach so manchem Ziel
die suchende Seele rastlos hin –;
Doch klar muß ich erkennen:
ich selbst – ich lebte nicht in meiner Seele,
wenn wahnbetört in Weltenfernen
des Denkens Fäden hin sich spinnen wollten.
– – – – – – – –
So blieb ein leeres Sinnen nur,
was ich in Bildern selbstgefällig malte.
Da trat in meine Lebensbahn
Thomasius, der junge Maler –;
Er schritt durch wahre Seelenkräfte
zu jener hohen Geistesart,
die Menschenwesen wandelt
und aus verborgnen Seelenschachten
entsteigen läßt die Kräfte
die Daseinsquellen schaffen.

Was ihm erwuchs aus Seelengründen –:
Es ruht in jedem Menschen.
Und weil es mir an ihm sich offenbarte,
erkenn ich als des Lebens größte Sünde,
den Geistesschatz verfallen lassen. –
– – – – – – – – –
So weiß ich, daß ich suchen muß –
und darf im Zweifel nicht verharren.
Es hätte früher meines Denkens eitler Weg
zur falschen Meinung mich verführen können:
vergebens sei des Menschen Forschungstrieb,
Entsagung nur gezieme allem Sinnen,
das nach den Lebensquellen strebt.
– – – – – – – – –
Und wenn als aller Weisheit Schluß
sich sicher mir ergeben hätte,
daß Menschenschicksalsmächte fordern,
als Eigenwesen zu versinken
ins wesenlose Nichts:
ich wagt' es unverzagt. – – –
Es wäre Frevel, so zu denken,
nachdem ich deutlich hab' erfahren,
daß ich nicht Ruhe finden darf,
bevor der Geistesschatz in meiner Seele
das Licht des Tages hat gefunden.
– – – – – – – – –
Es haben Geisteswesen ihrer Arbeit Früchte
in Menschenseelen eingepflanzt;
und Götterwerk vernichtet,
wer ungepflegt die Geistessamen läßt verwesen.
–
So kann ich höchste Lebenspflicht erkennen –,
doch will ich einen Schritt nur wagen
in jenes Reich, das ich nicht meiden darf,

so fühl' ich, wie die Kräfte mir versagen,
durch die in hochmutvollem Denken
ich deuten wollte Lebensziele
in Zeitenstrom und Weltenweiten.
Einst glaubte ich, mit Leichtigkeit
Gedanken aus dem Hirn zu pressen,
die Wirklichkeiten greifen sollten.
Doch jetzt, da ich den Lebensquell
im Wahrheitslicht erfassen will,
erscheint des Denkens Werkzeug stumpf –,
und machtlos quäl' ich mich,
Gedankenbilder klar zu formen
aus Benedictus' ernsten Worten,
die mir die Geisteswege weisen sollen:
(Das Weitere wieder lesend):
„In deine Seelentiefen dringe ruhig,
und Starkmut laß dir Führer sein.
Verliere frühern Denkens Formen,
wenn du versinkst in dich,
um dich aus dir zu führen.
Ertötend alles Eigenlicht
erscheint dir Geisteshelle."
(Das Folgende wieder sprechend):
Es ist, als ob der Atem mir versagen wollte,
wenn ich erstrebe, solcher Reden Sinn zu fassen.
Und eh' ich fühle, was ich denken soll,
ergreifen Angst und Schrecken meine Seele.
Empfinden muss ich, wie wenn alles,
was bis hierher im Leben mich umgab,
zusammenstürzen und in seinen Trümmern
zum Nichts mich wandeln müßte.
O, hundertmal hab' ich gelesen
Die Worte, die nun folgen – – –:
Mit einem Male ist

Nur finstrer die Finsternis
Um mich hereingebrochen.
(Wieder lesend):
„In deinem Denken leben Weltgedanken,
in deinem Fühlen weben Weltenkräfte,
in deinem Willen wirken Weltenwesen.
Verliere dich in Weltgedanken,
erlebe dich durch Weltenkräfte,
erschaffe dich aus Willenswesen.
Bei Weltenfernen ende nicht
Durch Denkentraumesspiel – – –,
beginne in den Geistesweiten,
und ende in den eignen Seelentiefen: –
du findest Götterziele
erkennend dich in dir.“
(Ohnmächtig durch eine Vision in sich versinkend.)
(Zu sich kommend, das weitere sprechend):
Was war dies?
(Drei Gestalten, als Seelenkräfte, umschweben ihn.)

Luna:
Die Kraft, sie fehlt dir nicht
zum edlen Geistesflug.
Sie ist gegründet
im Menschenwollen.
Sie ist gehärtet
von Hoffnungssicherheit.
Sie ist gestählet
von Zukunftsferneblicken.
Der Mur nur fehlet dir,
ins Wollen zu ergießen
die Lebenszuversicht – – –.
Ins weite Unbekannte
zu wagen nur, erkühne dich!

Astrid:
Von Weltenfernen
aus Sonnenfreudelicht –
von Sternenweiten
aus Weltenzaubermacht –,
vom blauen Himmelsäther
aus Geistes Höhenkraft –,
erstrebe Seelenmacht
und lenke ihre Strahlen
in Herzensgründe;
erwarmend wird Erkenntnis
erzeugen sich in dir.

Die andre Philia:
Sie täuschen dich
die bösen Schwestern;
Sie wollen dich umspinnen
mit Lebensgaukelspiel.
Es wird zerfließen
der Gaben eitler Trug,
den sie dir reichen,
wenn du mit Menschenkraft
ihn halten willst.
Sie führen dich
zu Götterwelten,
und werden dich zerstören,
wenn du in ihrem Reich
das Menschenwesen
ertrotzen willst.

Capesius:
Es war ganz deutlich – – –
es sprachen Wesen hier – –
und doch, es ist gewiß – –
kein Mensch ist außer mir

an diesem Ort – – – –
So habe ich zu mir nur selbst gesprochen – – – ?
Auch das ist möglich nicht,
denn nimmer könnte ich ersinnen,
was ich zu hören meinte – –
– – – – – – – – –
Bin ich denn noch,
der ich vordem war?
(An seinen Geberden ist zu bemerken, daß er sich unfähig fühlt „Ja“ zu antworten.)
O – ich bin – ich bin es nicht –
– – – – – – – –
(Geistesstimme, das geistige Gewissen)
Es steigen deine Gedanken
in Menschenweisens Tiefen.
Was als Seele dich umhüllt,
was als Geist in dich gebannt,
entschwebet in Weltengründe;
von deren Fülle
die Menschen trinkend
im Denken leben;
von deren Fülle
die Menschen lebend
im Scheine weben.

Capesius:
Zu viel . . . . zu viel – –
Wo ist Capesius?
Ich fleh' zu euch,
ihr unbekannten Mächte,
wo ist . . . . . Capesius?
Wo bin ich selbst?
(Er versinkt neuerdings brütend in sich.)

Benedictus: (tritt ein. Capesius bemerkt ihn zunächst nicht, Benedictus berührt ihn an der Schulter)
Es ist mir kund geworden,
daß ihr verlangt, mit mir zu sprechen,
so sucht' ich euch in eurem Heim.

Capesius:
So gütig ist's von euch,
den Wunsch mir zu erfüllen.
Doch hättet ihr mich kaum
in einer schlechtern Lage treffen können.
– – – – – – – –
Und daß nach solcher Seelenpein,
wie sie mich eben traf, ich nicht gelähmt am Boden
in diesem Augenblicke vor euch liege,
nur eurem milden Blicke dank' ich es,
der meinen fand, als eure Hand
so sanft mich aus den Schreckensträumen weckte.

Benedictus:
Verborgen ist's mir nicht,
daß ich im Lebenskampfe euch getroffen.
Ich wußt' es lange schon,
daß wir uns so begegnen müssen.
Gewöhnet euch, zu wandeln mancher Worte Sinn,
wenn wir uns ganz verstehen sollen.
Und wundert euch dann nicht,
wenn euer Schmerz in meiner Sprache
den Namen ändern muß.
– – – – – – – –
Ich finde euch im Glücke.

Capesius:
So mehrt ihr noch die Qual,
die mich in Finsternise wirft.

Ich fühlte eben, als wenn entflohen
das eigne Selbst in Weltentiefen wäre,
und durch des Selbstes Glieder fremde Wesen
in diesem Raume sprächen. –
Das ich solch Geistesgaukelspiel
als Wahn empfinden durfte,
und Schmerz mir war der Trug der Seele:
das hielt allein mich aufrecht.
O raubt mir solchen Fühlens Stütze nicht! –
Nennt Glück mir nicht, was Fieberwahn, –
soll ich nicht ganz verloren sein.

Benedictus:
Es kann der Mensch verlieren nur,
was ihn vom Weltenwesen scheidet.
Und scheint ihm erst verloren,
was er in Denkens Traumesstimmung
zu wesenlosem Dienst misbraucht',
so soll er suchen, was sich ihm entwunden.
Er wird es wiederfinden, und dann es erst in rechter Art
Dem Menschenwerke weihen.
Zu trösten euch in dieser Stunde,
es wär' ein lehrhaft Spiel mit Worten.

Capesius:
Nein – Lehren, die Vernunft allein genügen,
sie sind doch wahrlich nicht bei euch zu finden.
Ich hab' es schwer empfinden müssen.
Gleich Taten, die auf Höhen führen,
und auch in Abgrundtiefen stürzen,
so strömet feurig Leben
und Todeskälte auch durch eure Reden
in Menschenseelen kraftvoll ein.
Sie wirken wie des Schicksals Winke
und auch we Lebensliebesstürme.

Ich hab' gedacht, geforscht,
bevor ich euch begegnet, – –
des Geistes Schöpferkräfte
und sein Vernichtungswerk,
sie kenn' ich erst,
seit ich in eure Spuren trat.
– – – – – – – –
– – – – – – –
Was euer Wort in meiner Seele angerichtet,
das fandet ihr an mir,
als ihr in meine Stube tratet.
Ich war zermartert oft
beim Lesen eures Lebensbuches;
doch heute war der Qualen Maß erfüllt.
Und überfließen mußte meine Seelennot
Durch eures Buches Schicksalswort.
Verständnis eurer Reden,
es bleibt versagt der Seele;
doch wie ein Lebenssaft
ergoß das Wort ins Herz sich mir
und wirkte Zauberwelten,
daß mir des Sinnes Klarheit schwand.
Gespenstig Wesen sah ich um mich gaukeln.
Bedeutsam dunkle Worte konnte ich
aus krankhaft irrer Seele tönen hören.
Ich weiß, daß ihr nicht alles,
was ihr für Menschenseelen hütet,
der Schrift wollt anvertrauen,
und daß ihr manches Rätsels Lösung
je nach Bedürfnis an die Menschen wendet.
So gönnt auch mir, weß ich bedarf;
denn wissen muß ich
was mir Vernunft und Sinne raubte
und mich mit luftig Zauberwerk umgab.

Benedictus:
Es wollen meine Worte nicht das allein nur sagen,
was als Begriffeshüllen sie verraten;
sie lenken Seelenwesenskräfte
zu Geisteswirklichkeiten;
ihr Sinn ist erst erreicht,
wenn sie das Schauen lösen in den Seelen,
die sich ergeben ihrer Kraft.
Sie stammen nicht aus meinem Forschen,
sie sind von Geistern mir vertraut,
die kundig sind der Zeichen,
in welchem sich das Weltenkarma offenbart.
Zu führen an Erkenntnisquellen
ist dieser Worte Eigenheit.
Doch muß dem Menschen es verbleiben,
der sie vernimmt im wahren Wesen,
zu trinken Geistessäfte aus den Quellen.
Und gegen meiner Worte Absicht ist es nicht,
daß sie in Welten euch entrückt,
die euch gespenstig scheinen.
Ihr habt ein Reich betreten,
das Wahn euch bleiben muß,
wenn ihr in ihm euch selbst verliert;
das sicher aber aller Weisheit erste Pforte
für eure Seele öffnen wird,
wenn ihr in ihm euch selbst bewahrt.

Capesius:
Und wie kann ich mich selbst bewahren?

Benedictus:
Die Lösung wird euch dieser Rätselfrage,
wenn ihr mit wachem Seelenauge
euch stellt vor manche Wunderdinge,
die bald in eure Wege treten sollen.

Zur Prüfung hab' ich euch gefordert
Von Schicksalsmächten und von Geistgewalten.

Capesius:
Zwar kann ich seiner Worte Sinn nicht deuten,
doch fühl' ich sie in meinem Wesen wirken.
Er hat ein Ziel mir angewiesen – –:
Ich will dem Wink gehorchen.
Er fordert nicht Gedankenstreben;
Er will, daß ich in Geisteswirklichkeiten
Die Schritte forschend lenke.
– – – – – – – – –
– – – – – – – – –
– –
Ich kenne seiner Sendung Wesen nicht;
Vertrauen doch erzwingt sein Tun;
er hat mich wieder zu mir selbst gebracht.
So mag für diese Stunde
mir ungewiß auch bleiben
das Zauberwesen, daß mich schreckte;
ich will mich frei entgegenstellen
den Dingen, welche er
prophetisch mir vorher verkündet.

(Vorhang, während Capesius noch stehen bleibt.)

Zweites Bild

Ein Meditationszimmer in violettem Grundton. Ernste, doch nicht düstere Stimmung. (Benedictus, Maria, dann Geistgestalten, die Seelenkräfte darstellen.)

Maria:
Es drängen schwere Seelenkämpfe mich,
in dieser Stunde meines Führers weisen Rat zu

hören.
Es steiget finstre Ahnung mir im Herzen auf,
und unvermögend bin ich,
zu widersetzen mich in Gedanken,
die immer wieder mich bestürmen.
Sie treffen mich in meines Wesens tiefsten Kern,
sie wollen ein Gebot mir auferlegen,
daß zu befolgen mir wie Frevel scheint.
Es müssen Truggewalten mich berücken – –,
ich fleh' euch – helft – –,
daß ich sie bannen kann.

Benedictus:
Es soll in keiner Zeit euch fehlen,
was ihr von mir erwünscht.

Maria:
Ich weiß, wie eng verbunden meiner Seele
Johannes Lebenswege sind.
Ein schwerer Schicksalspfad hat uns geeint,
und in den hohen Geisteswelten
hat Götterwille unsern Bund geweiht.
Das alles steht so klar vor mir,
wie nur der Wahrheit Bild allein.
Und doch – mich faßt ein Grausen schon,
wenn ich die Lippen öffnen soll
zu diesem frevelhaften Wort –,
und doch – ich hör's aus Seelentiefen
ganz deutlich zu mir sagen,
und stets von neuem wiederholen,wenn ich es überwunden glaube –:
„Du mußt Johannes von dir trennen;
du darfst ihn halten nicht an deiner Seite,
willst Unheil an seiner Seele du vermeiden.
Er muß allein die Bahnen wandeln,

die ihn zu seinen Zielen führen.“
Ich weiß, wenn ihr ein Wort nur sprecht,
so flieht das Wahneswerk aus meiner Seele.

Benedictus:
Maria, dir läßt ein edler Schmerz
Die Wahrheit jetzt als Trugbild erscheinen.

Maria:
Es wäre – Wahrheit – – –
–
Doch nein! – auch zwischen meines Führers Rede
Und mein Gehör schleicht sich das Wahneswesen.
O sprecht zum zweiten Male.

Benedictus:
Du hast mich recht verstanden –.
Deine Liebe ist von edler Art,
und eng verbunden war Johannes dir.
Doch darf die Liebe nicht vergessen,
daß sie der Weisheit Schwester ist.
Zo Johannes' Heil ward er
Durch lange Zeiten dir vereint;
Doch fordert seiner Seele weitre Bahn,
daß er in Freiheit sich die eignen Ziele suche.
Es spricht der Schicksalswille
Von äußrer Freundschaftstrennung nicht;
Doch fordert er mit aller Strenge
Johannes' freie Tat im Geistgebiet.

Maria:
Noch immer hör ich Wahn!
So lasset *mich* nur weitersprechen;
Ihr müsset mich verstehn;
Denn wagen wird kein Truggebild
Vor eurem Ohr das Wort zu wandeln.

Es wären alle Zweifel leicht zu bannen
Wenn nur des Erdenlebens wirrer Lauf allein
Johannes' Seele an der meinen halten wollte.
Doch ward die Weihe unserm Bund verliehen
Die ewig Seel' an Seele bindet.
Und Geistgewalten sprachen segnend
Das Wort, das alle Zweifel bannt:
„Er hat die Wahrheit sich errungen
im Reich der Ewigkeiten,
weil er in Sinneswelten schon
dir war im tiefsten Sein verbunden."
Wie kann ich fassen jene Offenbarung,
wenn jetzt das Gegenteil als Wahrheit gelten soll?

Benedictus:
Du mußt erfahren, wie noch vieles
Auch dem zur vollen Reife fehlen kann,
der manche Offenbarung schon erleben durfte.
Der höhern Wahrheit Wege sind verworren; –
Nur der vermag zurecht zu finden sich,
der in Geduld durch Labyrinthe wandeln kann.
Duhast erst einer Teil der Wirklichkeit
Im Reich des Höhenlichtes schauen können,
als dir vor deine Seelenaugen trat
ein Bild des Geisterlandes.
Noch ist das Bild nicht volle Wirklichkeit.
Johannes' Seele und de deine
Verbinden Erdenbande solcher Art,
daß einer jeden kann beschieden sein,
den Weg ins Geistgebiet zu finden
durch Kräfte, welche sie der andern dankt.
Jedoch hat nichts bisher geoffenbart,
ob ihr genügt habt jeder
Forderung.

Ihr habt im Bilde schauen dürfen,
was in der Zukunft euch beschieden ist,
wenn ihr die volle Prüfung könnt bestehen.
Das euch des Strebens Früchte sind gezeigt,
beweist euch nicht, daß ihr
des Strebes Ende habt erreicht.
Ihr habt ein *Bild* erblickt – –,
doch euer Wille kann allein
das Bild in Wirklichkeit verwandeln.

Maria:
Zwar treffen deine Worte mich
Wie schwerster Schmerz nach langem Glücksempfinden;
Doch hab' ich wohl gelernt,
dem Licht der Weisheit mich zu beugen,
wenn sie durch innre Kraft sich wirksam zeigt.
Und schon beginnt in Klarheit sich zu wandeln,
was dunkel meinem Herzen war bis jetzt.
Doch wenn des Irrtums Schein in höchstem
Glückserlebnis
Gewaltsam sich als Wahrheit gibt dem Menschensinn,
ist Seelenfinsternis nur schwer zu bannen.
Ich brauche mehr noch, als ihr schon gegeben,
soll eurer Rede sich auch wirklich folgen können.
Ihr habt mein Selbst geführt in jene Seelengründe,
in welchen Licht mir ward gewährt,
daß ich durchschauen durfte Erdenleben,
die mir in lang vergangner eit beschieden waren.
Erfahren durfte ich, wie sich gefunden
Des Freundes Seele und die meine.
Daß ich in jenen alten Zeiten
Johannes' Seele zum echten Geistesworte führte,
das durft' ich als den Keim betrachten,

der wachsend uns gebracht der Freundschaft Frucht,
die reif befunden ward für Ewigkeiten.

Benedictus:
Für würdig wurdest du erkannt,
in Erdenpfade einzudringen,
die dir beschieden waren
in langvergangnen Tagen.
Doch sollst du nicht vergessen
Au forschen, ob die auch Gewißheit hast,
daß keiner deiner Lebenspfade sich verbirgt,
wenn du das Geistesauge rückwärts wendest.

Maria: (nach einer Pause, die auf tiefe Selbstbesinnung weist)
O wie nur konnt ich so verblendet sein!
Die Seligkeit, die ich empfand,
als einen Teil der Vorzeit ich erblicken durfte,
sie hat in eitlem Wahn vergessen mich schon lassen
wie vieles mir noch fehlt.
Und jetzt erst kann ich ahnen,
daß ich in Finsternisse blicken muß,
wenn ich den Weg ergründen will,
der von des Lebens Gegenwart mich führt in jene Zeiten,
da meines Freundes Seele
sich zugewandt der meinen.
Geloben will ich euch, mein Führer,
zu zähmen meiner Seele übermut – –!
Erst jetzt erkenne ich, wie Wissenseitelkeit
die Seele kann verführen,
daß sie, statt Kraft zu saugen
aus ihr gereichtem Geistesgut,
die Gabe nur gebrauchen will
zu frevler Selbstbespiegelung.
Ich weiß in diesem Augenblicke
Durch meines Herzens Wrnungsruf,

dem eure Worte Kraft verleihn,
wie weit vom nächsten Ziele
entfernt ich mich noch fühlen muß.
Nicht vorschnell will ich ferner deuten
Das Wissen aus dem Geistesland.
Ich will als Kraft es schätzen,
die meine Seele bilden soll –,
und nicht als Weisung,
die mir ersparen kann die Mühe,
im Leben selbst des Handelns Ziele zu erkennen.
Hätt' ich befolgt schon früher dieses Wort,
das mir Bescheidenheit gebietet:
es wär mir dunkel nicht geblieben,
daß frei sich nur entfalten kann
des Freundes reichbegabte Seele,
wenn sie sich Wege sucht,
die nicht von mir ihr vorgezeichnet werden.
Und da ich dies erkannt,
so werde ich die Kraft gewinnen,
zu tun, was Pflicht und Liebe fordern.
Doch fühle ich in dieser Stunde mehr,
als ich vorher es jemals fühlte,
daß ich vor schwerer Seelenprüfung stehe.
Wenn sonst die Menschen aus den Herzen reißen,
was von dem einen in dem Andern lebt,
so hat die Liebe sich ins Gegenteil verwandelt.
Sie wandeln selbst die Bande, welche sie verknüpfen,
doch geben ihnen Trieb und Leidenschaft die Kraft;
ich aber soll durch freien Willen tilgen
die Wirkung, welche ich von meinem Seelenleben
in meines Freundes Taten sich vollziehen sah.
Und doch muß meine Liebe unverändert bleiben.

Benedictus:
Du wirst den Weg im rechten Sinne gehn,
wenn du erkennen willst,
was dir am meisten wertvoll war an dieser Liebe.
Denn weißt du, welche Kraft
in deiner Seele unbewußt dich lenkt,
so findest du die Macht,
zu tun, was die die Pflicht gebieten muß.

Maria:
Dies sprechend, gebt ihr schon die Hilfe,
die meine Seele jetzt so nötig hat.
Ich muß an meine Wesenstiefen
Die enrste Frage stellen:
Was treibt mit starker Kraft in dieser Liebe mich?
Ich sehe meiner Seele Eigenleben wirkend
In meines Freundes Wesen und in seinem Schaffen.
So such' ich nach Befriedigung
Die ich empfinde an dem eignen Selbst,
und lebe in dem Wahne, daß ich selbstlos sei.
Verborgen ist mir doch geblieben,
daß ich im Freunde nur mich *selbst* bespiegle.
Es war der Selbstsucht Drache,
der täuschend mir verhüllte,
was mich in Wahrheit trieb.
Es wandelt sich die Selbstsucht hundertfach,
das muß ich jetzt erkennen.
Und hält man sie besiegt,
entsteht sie nur mit größrer Kraft
aus ihrer Herrschaft Trümmern.
Und auch an jener Kraft gewinnt sie dann,
die Wahn als Wahrheit täuschend offenbart.
(Maria verfällt in tiefes Sinnen; Benedictus geht ab.)
– – – – – – – –

– – – – – – –

(Die drei Gestalten der Seelenkräfte erscheinen.)

Maria:
Ihr, meine Schwestern, die ich
In Wesenstiefen finde,
wenn meine Seele sich weitet,
und die in Weltenfernen
sich selbst geleitet,
entbindet mir die Seherkräfte
aus ätherhöhen,
und führet sie auf Erdenpfade,
daß ich im Zeitensein
mich selbst ergründe,
und die Richtung mir geben kann
aus alten Lebensweisen
zu neuen Willenskreisen.
– – – – – – – –
– – – – – – –

Philia:
Ich will erfüllen mich
mit ftrebendem Seelenlicht
aus Herzenstiefen;
ich will eratmen mir
belebende Willensmacht
aus Geistestrieben;
daß du, geliebte Schwester,
in alten Lebenskreisen
das Licht erfühlen kannst.
– – – – – – – –
– – – – – – –

Astrid:
Ich will verweben

sich fühlende Eigenheit
mit ergebenem Liebewillen;
Ich will entbinden
Die keimenden Willensmächte
aus Wunschesfesseln,
und dir das lähmende Sehnen
verwandeln in findendes Geistesfühlen;
daß du, geliebte Schwester,
dich selbst ergründen kannst.
– – – – – – – –
– – – – – – –

Luna:
Ich will berufen entsagende Herzensmächte,
ich will erfestigen tragende Selenruhe.
Sie sollen sich vermählen,
und kraftendes Geistesleuchten
aus Seelengründen heben,
sie sollen sich durchdringen
und lauschendem Geistgehör
die Erdenfernen zwingen;
daß du, geliebte Schwester,
in weitem Zeitensein
die Lebensspuren finden kannst.
– – – – – – – –
– – – – – – –

Maria: (nach einer Pause)
Wenn ich mich entreißen kann
Verwirrendem Selbstgefühl,
und mich euch geben darf:
daß ihr mein Seelensein
mir spiegelt aus Weltenfernen;
vermag ich zu lösen mich
aus diesem Lebenskreise,

und kann ergründen mich
in andrer Daseinsweise.
(Längere Pause, dann das folgende)

Maria:
In euch, ihr Schwestern, schau' ich Geisteswesen,
die Seelen aus dem Weltenall beleben.
Ihr könnt die Kräfte, die in Ewigkeiten keimen,
im Menschen selbst zur Reife bringen.
Durch meiner Seele Tor durft' ich oft
Den Weg in eure Reiche finden,
und Erdendaseins Urgestalten
mit Seelenaugen schauen.
Bedürftig bin ich eurer Hilfe jetzt,
da mir obliegt, den Weg zu finden
von meiner gegenwärtigen Erdenfahrt
in langvergangne Menschheitstage.
Entbindet mir das Seelensein vom Selbstgefühl
In seinem Zeitenleben.
Erschließet mir den Pflichtenkreis
Aus meiner Vorzeit Lebensbahnen.
– – – – – – – –
– – – – – – –

(Geistesstimme, das geistige Gewissen):

> Es suchen ihre Gedanken
> in Zeitenspuren.
> Was als Schuld ihr geblieben,
> was als Pflicht ir gegeben,
> entsteige ihrem Seelengrunde,
> aus dessen Tiefe
> die Menschen träumend
> ihr Leben führen;
> in dessen Tiefe

die Menschen irrend
sich selbst verlieren.

(Vorhang fällt, während noch alles auf der Bühne steht.)

Drittes Bild

Zimmer in rosenrotem Grundton, freundliche Stimmung. (Johannes vor einer Staffelei; Maria, später eintretend, dann Geistgestalten als Seelenkräfte.)

Johannes:
Maria schwieg vor meinem Bilde,
als sie zuletzt es sah. –
Sie schenkte mir vorher doch stets
Aus ihrer Weisheit reichem Schatze,
was meines Werkes Fortgang fördern kann.
So wenig ich mir selbst getraue,
ein Urteil mir zu bilden,
ob ich mit meiner Kunst erfülle,
was unsre Geistesströmung fordert,
so sehr vertrau' ich ihr –.
Und immer wieder höre ich im das Wort im Geiste,
das kraftverleihend mich beglückte,
als ich an dieses Bild mich wagte.
„Du kannst auf diesem Bilde", sprach sie,
„das Wagnis unternehmen,
was geistig nur die Seele schaut,
dem Sinnenschein zu offenbaren.
Es wird dir nicht verborgen bleiben,
wie Formen, Gedanken gleichend,
den Stoff bezwingen;
und Farben, gefühlsverwandt,
die Lebenskraft durchwärmen.

So darfst du auch die höhern Reiche
Mit deinem Können bilden.“
Empfindend dieser Worte Kraft,
ergeb' ich mich dem Glauben,
daß ich dem Siele näherkomme,
das Benedictus mir gewiesen hat.
Ich saß oft mutlos vor dem Bilde;
Vermessen schien es mir so manche Stunde,
unmöglich dünkt es mir zu andern Zeiten,
in Farben und in Formen nachzubilden,
was meine Seele schauen darf.
Wie kann man webend Geistessein,
das allem Sinnenschein entrückt,
sich nur dem Seheraug' erschließt,
mit Mitteln offenbaren,
die doch dem Sinenreich gehören.
So fragt' ich mich recht oft.
Wenn ich jedoch verbanne Eigenwesen,
und nach der Geisteslehre Sinn
zu schaffenden Weltenmächten
in Seligkeit entrückt mich fühlen darf,
erwacht in mir der Glaube
an solche Kunst, die mystisch wahr
wie unsre Geistesforschung ist.
Ich lernte mit dem Lichte leben
und in der Farbe des Lichtes Tat erkennen,
wie echter Mystik wahrer Schüler
im Reich des form- und farbenlosen Lebens
die Geistestaten und das Seelensein erschauen.
Vertrauend solchem Geisteslicht,
erwarb ich mir die Fähigkeit,
zu fühlen mit dem flutenden Lichtesmeere,
zu leben mit dem strömenden Farbengluten;
erahnend waltende Geistesmächte

im stoffentrückten Lichtesweben,
im geisterfüllten Farbenwesen.
(Maria tritt ein, ohne von Johannes bemerkt zu werden.)
– – – – – – – – –
– – – – – – – –
Und wenn mich dann der Mut verlassen will,
so denk' ich deiner, edle Freundin. –
In deinem Seelenfeuer
Erwarmet meiner Schaffenslust;
In deinem Geisteslicht
Erwachen mir die Glaubenskräfte.
(Er sieht Maria)
O – du bist hier – – – – –
– – –,
ich harrte deiner ungeduldig
und konnte doch dein Nahen übersehn!

Maria:
Erfüllen muß es mich mit Freude,
den Freund in seine Arbeit so vertieft zu sehn,
daß er der Freudin selbst vergißt.

Johannes:
O sprich nicht solches Wort –,
du weißt, wie nichts ich schaffen kann,
das nicht von dir gesegnet ist.
Es gibt kein Werk von mir,
daß dir nicht seinen Ursprung dankt.
Du hast im Liebefeuer mich geläutert,
daß ich vermag, durch meine Kunst zu bilden,
was dir sich offenbart im Schönheitsglanz,
der wesenwärmend, seinsverklärend strahlt,
und strahlend offenbart das Geistesland.
Empfinden muß ich meines Schaffens Strom
Aus deiner Seele Quell in meine fließen;

Dann fühle ich die Schwingen, die mich heben
Zu erdenfernen, geisterfüllten Höhen. –
Ich liebe, was in deiner Seele lebt,
und kann ihm liebend Bildgestalt verleihn.
Nur Liebe kann dem Künstler Kräfte zeugen,
die in den Werken fruchtbar weiterleben.
Und soll ich Bilder aus den Geistesweiten
Als Künstler in die Sinneswelten tragen,
so muß der Weltengeist durch mich erscheinen,
und Werkzeug nur mein Wegenwesen sein.
Der Selbstsucht Fesseln muß ich sprengen können,
daß ich nicht eigner Willkür Wahngestalten
statt Geisterwelten kunstvoll bilden möchte.
– – – – – – – – –
– – – – – – – – –

Maria:
Und wenn du, statt durch meine Seelenschau,
aus dir des Werkes Urbild holen müßtest,
es könnte dann aus einem Seelengrunde
der Schönheit Wesen einheitvoller wirken.
– – – – – – – – –
– – – – – – – – –

Johannes:
Ich müßte nur mach eitlen Denkgespinsten jagen,
wenn ich ergübeln wollte, was mir besser ist:
ob deine Geistesschau verkörpernd schaffen,
ob in mir selbst der Bilder Ursprung suchen.
Ich weiß, daß ich ihn so nicht finden
könnte.
– – – – – – – – –
– – – – – – – – –
Versenken kann ich mich in Seelengründe,
und selig mich in Geisteswelten finden,

ich kann am Sinnenreiche mich verlieren
und mit de Auge folgenFarbenwundern,
die Schöpfungstaten mich erschauen lassen.
Bin ich mit meiner Seele nur allein,
so führt, was ich erleben kann in mir,
ein Dasein nur, das nicht zum Schaffen drängt.
Doch darf ich dir in Weltenhöhen folgen,
und warm in Seligkeit dur nacherleben,
was du schon dort im Geist erblicken konntest,
empfind' ich Feuer in der Geistesschau,
das in mir selbst dann weiterflammt, und flammend
in mir entzündet Kräfte, die zum Schaffen zwingen.
– – – – – – – –
– – – – – – – –
Wenn ich in Worten wollte Menschen künden,
was ich in Höhenwelten kann erkennen,
so dürft' ich mich mit eigner Seele heben
in Sphären, wo der Geist zum Geiste spricht.
Als Künstler muß ich jenes Feuer finden,
daß aus dem Werk in Herzen strahlend wirkt;
und meine Seele kann dem Bild nur geben,
was magisch Geistesglut in Herzen strömt,
wenn sie erst selbst aus *deinen* Herzenstiefen
die Geistesoffenbarung trinken kann.
– – – – – – – –
– – – – – – – –
Wie Ursprungskräfte sich in Sehnsucht dichten,
und Schöpfungsmächte geistend sprühen,
und schon, den Menschen fühlend, seinsbedürftig,
als Götter sich im Zeitbeginn erschaffen,
dies hat der Freundin Seele oft mit edler Rede
in unsichtbarer Art mich greifen lassen.
Im zarten Ätherrot der Geisteswelt
versucht' ich, Unsichtbares zu verdichten,

empfindend, wie die Farben Sehnsucht hegen,
sich geistverklärend in Seelen selbst zu schauen.
So spricht der Freundin Seelenwesen wie mein eignes
Aus meinen Bildern zu den Menschenherzen.

Maria:
Bedenk', Johannes, daß die Eine Seele,
getrennt von andern, als ein Eigenwesen
seit Weltbeginn sich selbst entfalten muß.
Die Liebe soll getrennte Wesen binden,
doch nicht die Eigenheiten töten wollen.
Es ist der Augenblick für uns gekommen,
in welchen wir die Seelen früfen müssen,
wie sie des Geistespfades weitre Schritte
zu einer jeden Heil zu lenken haben. (Geht ab)
– – – – – – – – –
– – – – – – – – –

Johannes:
Was sprach die Freundin?
So unverständlich klangen ihre Worte!
Ich muß dir folgen, Maria! – – –
(Die drei Gestalten der Seelenkräfte erscheinen.)

Luna:
Du kannst dich selbst nicht finden
Im Spiegel einer andern Seele.
Die Kraft des eignen Wesens,
sie muß im Weltengrunde Wurzeln schlagen,
wenn sie aus Geisteshöhn
die Schönheit in Erdentiefen
mit echtem Sinn verpflanzen will.
Erkühne dich zum Eigensein,
daß du als starke Seelenform
dich Weltenmächten opfern kannst.

– – – – – – – – –

– – – – – – – – –

Astrid:
Du sollst auf deinen Weltenwegen
Dich nicht verlieren wollen;
Zu Sonnenfernen dringen Menschen nicht,
die sich des Eigenseins berauben wollen.
So mache dich bereit,
durch Erdenliebe vorzudringen
in tiefe Herzensgründe
die Weltenliebe reifen lassen.
– – – – – – – – –

– – – – – – – – –

Die andre Philia:
O höre nicht die Schwestern;
Sie führen die in Weltenweiten,
und rauben dir die Erdennähe, –
sie sehen nicht wie Erdenliebe
der Weltenliebe Züge trägt.
In Kälte walten ihre Wesenheiten,
die Wärme fliehen ihre Kräfte,
und Menschen wollen sie entführen,
aus ihren Seelentiefen
in kalte Höhenwelten.

(Vorhang, während Johannes, Philia, Astrid, Luna noch stehenbleiben.)

Viertes Bild

Dasselbe Zimmer wie im ersten Bild. (Capesius und Strader.)

Capesius: (zu dem eintretenden Strader)
Mir Freuden grüße ich den Freund,

der mir in mancher heißen Redeschlacht
rech wacker standgehalten.
Ihr habt euch lange nicht
In meinem Hause sehen lassen. –
Ihr habt es früher doch so gern besucht.

Strader:
Es fehlte mir an Zeit.
Mein Leben hat sich stark verändert.
Ich martre mein Gehirn nicht mehr
mit hoffnungslosen Denkgespinsten.
Ich hab' das Wissen, daß ich mir erwarb,
der echten Arbeit Dienst gewidmet,
die Nutzen stiften kann im Leben.

Capesius:
So habt ihr denn verlassen euren Forscherweg?

Strader:
Man könnt' auch sagen,
ich sei von ihm verlassen worden.

Capesius:
Und welchem Ziele habt ihr euch denn zugewandt?

Strader:
Das Leben ist geeignet nicht,
dem Menschen Ziele anzuweisen,
die lichtvoll er durchschauen kann.
Ein Triebwerk ist er nur.
daß uns in seine Räderläufe zieht –
–
und müde ins in Finsternis verwirft,
wenn unsrer Kräfte Maß erschöpft sich hat.

Capesius:
Ich habe euch gekannt, als ihr mit hohem Mut

euch kühn an Daseinsrätsel wagtet.
Erfahren hab' ich auch,
wie ihr errungne Wissensschätze
ins Bodenlose sinken saht,
und tief erschüttert eure Seele
den bittren Kelch enttäuschter Forscherträume
trank.
Doch lag mir stets die Meinung ferne,
daß ihr aus eurem Herzen reißen könntet
den Trieb, der euch so ganz erfüllte.

Strader:
Gedenkt ihr noch des Tages,
da eine Seherin durch ihrer Worte Wahrheit
mir klar des eignen Weges Irrtum wies?
Nicht konnt' ich anders, als mir selbst gestehn,
daß alles Denkens Werk
des Lebens echte Quellen nirgends finden kann.
Es muß ja alles Denken irren,
wenn sich der höchsten Weisheit Licht
erschließen kann der Seelenkraft,
die jene Frau ihr eigen nannte.
Gewiß doch strebt vergebens strenge Wissenschaft
zu solcher Offenbarung.
und wär es noch geblieben
bei dieser einen Niederlage meines Forscherwahns:
ich glaube, daß vermocht ich hätte,
von vorne wieder anzufangen,
und meine eignen Wege
mit jenen andern Wegen zu verbinden.
Doch als ich sehen mußte,
wie eine sonderbare Geistesart,
die mir als Wahnwitz nur erscheint,
in Schaffenskraft die Ohnmacht wandelt: –

da schwand mir alle Hoffnung.

– – – – – – – – –

– – – – – – – – –

Gedenkt des jungen Malers ihr,
den wir zusammen trafen
auf zweifelhaften Geisteswegen? – –
Nach solchen Schicksalsschlägen
verlebt ich viele Wochen
mit dumpfem Sinn, dem Wahnsinn nah.
Und als Natur mich wieder zur Besinnung brachte,
da stand es mir auch felsenfest,
zu meiden alles weitre Suchen.
Um ganz gesund zu werden,
bedurft' ich langer Zeit.
Ich habe sie recht freudelos verlebt.
Ich übte mich in solchen Dingen,
die mich zur Lebenspraxis führten.
So steh' ich heute einer Werkstatt vor,
in der man Schrauben walzt.
Doch dank' ich dieser Arbeit,
daß ich vergessen kann durch viele Stunden,
wie qualvoll war mein wesenloses Ringen.

Capesius:
Bekennen muß ich, daß ich kaum
den frühern Freund kann wiederfinden
in dem, der heute mir sich zeigt. – –
Erlebt ihr außer jenen Stunden,
von denen ihr mir spracht,
nicht solche auch,
in welchen alte Stürme sich erneuern,
die euch aus diesem dumpfen Leben drängen?

Strader:
Es sind mir nicht erspart die Stunden,

in welchen Ohnmacht nur mit Ohnmacht
in meiner Seele kämpfen will.
Doch hat mein Schicksal nicht gewollt,
daß neue Hoffnungsstrahlen
für dieses ganz verlorne Leben
ins Herz mir dringen können.
Entsagung will ich mir erringen.
Die Kraft, die jetzt sie fordert
Sie möge mir Begabung bringen,
den Forschungsweg in andrer Art zu wandeln.
– – – – – – – – –
– – – – – – – – –
–
wenn dieser Erdenlauf sich wiederholen sollt'.

Capesius:
Ihr spracht –, o hab ich recht gehört,
von Wiederholung eures Erdenlaufs.
So habt ihr doch gewonnen
die schicksalsschwere Wahrheit
auf jenen Geistesbahnen,
die ihr auch heute noch
als zweifelhaft nur gelten lassen wollt?

Strader:
Ihr selbst habt so das Dritte aufgefunden,
daß mich bestärkt noch hat,
ein neues Leben zu beginnen.
Auf meinem Krankenlager suchte ich
zum letzten Male noch zu überblicken
des Wissens Umkreis, den ich mir erworben hatte.
Ich tat's, bevor zu andrem Ziele ich mich wandte.
Und hundertmal wohl fragt' ich mich:
Was kann Naturerkenntnis lehren,
wie wir sie jetzt schon überschauen können?

– – – Es gibt da kein Entweichen –
– –:
Des Erdenlebens Wiederholung,
die kann und darf kein Denken leugnen,
daß nicht mit allem brechen will,
was Forscherfleiß erkannt in langer Zeiten Lauf.

Capesius:
Es wäre mir durch solch Erlebnis
gar vieles Leid erspart geblieben.
Ersehnt hab' ich in mancher Nacht,
die schlaflos ich vollbracht,
daß mir Gedanken dieser Art
Erlösung bringen möchten.

Strader:
Doch hat mir dieser Geistesblitz
Die letzten Kräfte noch geraubt.
Ich fühlte stets als meiner Seele stärksten Trieb,
am Leben nachzuprüfen,
was mir das Denken als die Wahrheit gibt.
Es wollt' ein Zufall nur in jenen schweren Tagen
am eignen Dasein mir erweisen,
wie grausam diese folgenschwere Wahrheit ist.
Sie läßt die Lebensfreuden und das Lebensleid
als Folgen unsres eignen Wesens uns erscheinen.
Und dies ist oft recht schwer zu tragen.

Capesius:
Unmöglich scheint mir dies Erlebnis. –
Was könnte eine Wahrheit übestrahlen,
die wir doch unabläsig suchen,
und die dem Geist Gewißheit gibt.

Strader:
Es mag für euch so sein.

Doch ich muß anders fühlen.
Bekannt ist euch mein sonderbarer Lebensweg;
ein Zufall schien's zu sein,
der meiner Eltern Absicht kreuzte. –
Sie hatten mich zum Mönche machen wollen.
Sie haben mir es oft gesagt,
daß sie als ihres Lebens größten Schmerz
des Sohnes Ketzerei betrachten müßten.
Ich nahm dies alles hin – –
und vieles noch dazu,
wie man des Leben eben nimmt,
wenn man Geburt und Tod
zu Grenzen macht der Erdenpilgerschaft.
Und auch mein spätres Leben
mit allen zertretnen Hoffnungen,
es stellte sich mir als Gebilde dar,
das sich durch sich nur selbst erklären
läßt.
O wäre nie der Tag gekommen,
der mich zu andrer Meinung hat gebracht.
Denn wißt, ich habe euch nicht alles anvertraut,
was mir das Schicksal auferlegt.
Ich bin nicht jener Leute Kind,
die mich zum Mönche haben machen wollen.
Sie haben, als ich wenige Tage erst alt war,
an Kindes Statt mich angenommen.
Meine wahre Herkunft ist mir unbekannt.
So war ich Fremdling schon im Elternhaus.
Und fremd bin ich geblieben allem,
was ich um mich erlebt in spätrer Zeit.
Und jetzt verpflichtet mich mein Denken,
den Blick in alte Zeiten hinzuwenden,
in welchen ich mich selbst der Welt beraubt.
Es fügt sich ja Gedanke and Gedanke:

Wer so zum Weltenfremdling ist bestimmt
noch ehe sein Bewußtsein dämmert,
der hat dies Schicksal schon gewollt,
bevor er denkend wollen konnte.
Und da ich ferner so geblieben bin,
wie ich im Anfang war,
so muss mir jeder Zweifel schwinden,
daß ich in Dumpfheit Mächten unterliege,
die mir die Schicksalsfaden spinnen,
und die sich mir nicht offenbaren wollen.
Was fehlt da noch, mir grausam zu beweisen,
wie dicht die Schleier sind,
die mir das eigne Sein verhüllen!
Und jetzt, o, urteilt ohne falsche Wissenssucht,
ob meine neue Wahrheit mir das Licht gebracht?
Gewißheit hat sie mir jedoch gegeben,
daß ich im Ungewissen bleiben muß.
Sie hat mir so das Schicksal vorgestellt,
daß ich ihm, halb vom Schmerz erfüllt,
und halb wie seiner spottend,
mit gleicher Münze zahlte.
Es kam ganz furchtbar über mich:
Mit bittrem Hohngefühl durchpeinigt,
muß ich dem Leben mich entgegenstellen;
und alles Schicksalsgaukelspiel verlachend,
ergab ich mich der Finsternis.
Ich konnte nur noch eines denken:
Nimm mich ganz hin, du Lebensräderwerk;
ich will nicht wissen, wie du's treibst.

Capesius:
Der Mann, den ich erkannt in euch,
er kann in solcher Wissensöde
nicht lange bleiben, auch wenn er wollte.

Mir stehn die Tage schon vor Augen,
in denen wir uns anders finden werden.

(Vorhang fällt, während die beiden sich noch gegenüberstehen.)

Fünftes Bild

Eine Landschaft, in welcher sich das einsame Haus Balde's befindet. Abendstimmung. (Frau Balde, Capesius, dann Felix Balde; später Johannes und dessen Doppelgänger, hernach Lucifer und Ahriman.)

Capesius: (ankommend, und sich einer Bank nähernd vor Balde's Haus, auf welcher Frau Balde sitzt.)
Erlaubt ihr wohl, daß euer alter Freund
Ein wenig bei weilen darf bei euch?
Er braucht jetzt mehr als je vorher,
was er so oft in eurem Hause fand.

Frau Balde:
Schon als ich euch von ferne kommen sah,
erzählten eure müden Schritte mir,
und da ihr näher tratet, euer Auge auch,
daß Leid in eurer Seele heute wohnt.

Capesius: (der sich gesetzt hat)
Viel Heiterkeit in euer Heim zu bringen,
es war auch sonst mir nicht gegeben;
doch heute bitt' ich um besondre Nachsicht,
wenn ich mit meinem friedelosen Herzen
das Heim des Friedens überfalle.

Frau Balde:
Ihr waret damals schon so gerne hier gesehen,
als kaum ein andrer Mensch
in dieses Hauses Nähe kam. –
Trotz manchem, was sich zwischen uns gestellt,

seid ihr uns Freund geblieben,
auch jetzt, da unsre weltenferne Stätte
gar mancher gerne sucht.

Capesius:
So ist denn wahr, was ich gehört,
daß euer lieber Felix
der vordem so verschlossen war,
in diesen Tagen ist geworden
ein vielgesuchter Mann?

Frau Balde:
Ach ja, der gute Felix
verschloß uns einst vor aller Welt – –.
Und jetzt muß er so vielen Leuten Rede stehn.
Als seine Pflicht erscheint dies neue Leben ihm.
In frühern Tagen wollte er
dem eignen Innern nur vertraun,
was Wald und Fels ihm offenbarten
von Geistestaten und Naturgewalten.
Auch schien es früher keinem Menschen wissenswert.
– – – – – – – –
– – – – – – – –
– – –
Wie hat die Zeit sich doch verändert!
Es hören jetzt recht viele Menschen
Gar gierig auf die Wissenschaft,
die Felix ihnen offenbaren kann,
und die sie vorher doch nur töricht fanden.
Und wenn mein lieber guter Mann
(Felix Balde kommt aus dem Haus.)
oft stundenlang erzählen muß,
dann sehn' ich mich nach alten Zeiten,
in denen Felix mir so ernst bedeutet hat,
wie nur im stillen Herzen tragen soll

die Seele ihre Geistesgaben,
die ihr aus Götterreichen
in Gnade sind verliehn –,
und daß Verräter wird am hohen Geistesworte
wer solchem Ohr es offenbart,
das nur der Sinnenwelt erschlossen ist.

Felix Balde:
Felicia kann nur recht schwer sich finden
in unser ganz verändert Leben;
Sie hat die alte Einsamkeit beklagt,
und klagt nicht minder jetzt,
da wir so manchen Tag nur wenig Stunden
noch für uns selber haben.

Capesius:
Und was hat euch bewogen,
das früher so verschloßne Haus
den Menschen gastlich zu eröffnen?

Felix Balde:
Gehorsam folgte ich der Geistesführung,
die mir im Herzen spricht,
als sie zu schweigen mir gebot.
Und jetzt, da sie mich reden heißt,
will ich ihr gleich ergeben sein.
Der Menschheit Wesen ändert sich
im Werdegang des Erdenseins.
An einem Zeitenwendepunkte stehen wir.

Es muß ein Teil der Geisterkenntnis
erschlossen werden allen Menschen,
die ihr Gemüt ihr öffnen wollen. –
Ich weiß, wie wenig meine Art entspricht
den Formen, die man heute gelten läßt.
Um auszusprechen, was im Geiste lebt,

verordnet man die strengste Logik und Gedankenfügung.
Sie werden meinen Reden abgesprochen.
Man sagt, daß wahrer Wissenschaft,
die nur auf festen Stützen ruhen soll,
mein Wesen bloß als Beispiel dienen kann,
wie Menschenseelen träumen,
wenn sie, der Wissenschaft und Bildung fremd,
auf eignen Wegen Weisheit suchen;
doch sei es wertvoll, meinen manche,
wie durch die Wirrnis meiner Worte
zuweilen etwas zu entdecken ist,
daß mit Vernunft sich fassen läßt.
Ich bin ein Mann, dem ohne Kunst
ins Herz muß strömen,
was sich offenbaren mag.
Ich kenne nicht ein Wissen ohne Worte. –
Wenn ich in Herzenstiefen Einkehr halte,
und auch, wenn ich Natur belausche,
so lebt in mir das Wissen,
das Worte nicht est suchen muß – –:
Die Sprache ist ihm so verbunden,
wie seine Leibesform dem Erdenmenschen. –
Ein Wissen, das in dieser Art
Aus Geisteswelten sich uns offenbart,
ist nützlich auch den Menschen, die es nicht verstehn.
Es soll deshalb ein jeder zu mir kommen dürfen,
der hören will, was ich zu sagen habe.
Ich weiß recht gut, wie nur die Neugierd'
Und andre wenig gute Gründe viele leiten.
Auch wenn die Seelen solcher Menschen
in dieser Erdenzeit noch nicht ergriffen werden:
es wird das Gute in sie eingepflanzt,
und wird in ihnen weiter wirken.

Capesius:
Ich möchte offen mit euch sprechen. – –
–
Seit vielem Jahren muß ich euch bewundern.
Doch war auch mir der Sinn bisher verschlossen,
der euren sonderbaren Worten eigen ist.

Felix Balde:
Er wird sich euch gewiß erschließen.
Ihr strebt mit gutem Geist und edlem Herzen,
da müssen auch die Zeiten kommen,
wo ihr der Wahrheit Stimme hört.
Ihr achtet nicht, wie inhaltreich
Der Mensch als Bild der Weltenreiche.
Sein Haupt, es ist des Himmels Spiegelbild,
durch seine Glieder wirken Sphärengeister,
in seiner Brust bewegen Erdenwesen sich;
und allen stehn entgegen, machtvoll ringend,
Dämonen aus dem Mondbereich,
die jener Wesen Ziele kreuzen müssen.
Was als ein Menschenwesen vor uns steht,
was als die Seele wir erleben,
was als der Geist uns leuchtet:
es schwebte vielen Göttern vor seit Ewigkeiten,
und ihre Absicht war,
aus ihren Welten Kräfte zu verbinden,
die im Verein den Menschen bilden.

Capesius:
Fast ängstlich werde ich bei diesem Wort,
das kühn als aller Götter Leistung
des Menschen Wesenheit betrachten will.

Felix Balde:
Darum ist höchste Demut jedem nötig,

der Geisteswissenschaft erlangen will.
Und wer in Hochmut und in Eitelkeit
sich selbst erkennen will,
dem öffnen sich die Wissenspforten nicht. (Geht ab)

Capesius:
Wie schon so oft, wird mir auch dieses Mal
Die liebe Frau Felicia wohl helfen,
daß meine Seele sich zum Bilde wende
und, an dem Bild die Seele erwarmend, eure Worte
in rechter Art zu fassen fähig wird.

Frau Balde:
Es hat der liebe Felix
mir öfter schon die Worte wiederholt,
die er soeben sprach.
Sie lösten aus dem Herzen mir
ein Bild, von dem ich mir schon immer sagte,
ich müßt' es euch erzählen.

Capesius:
O tut es, liebe Frau – –,
mich dürstet nach Erquickung
aus eurem Bilderschatze.

Frau Balde:
Es sei – – – – –.
Es war einmal ein Knabe,
der wuchs als armer Förstersleute einzig Kind
in Waldeseinsamkeit heran. –
Er lernte außer seinen Eltern
nur wenige Menschen kennen.
Er war von schwachem Gliederbau:
durchscheinend fast war seine Haut.
Man konnte lang ins Aug' ihm schaun;
es barg die tiefsten Geisteswunder.

Und wenn durch finstre Wolken
der Morgensonne Strahl nicht drang,
und düstre Stimmung alle Berge überzog,
da ward des Knaben Auge trüb,
und wehmutvoll sein Herz – –.
So war er hingegeben ganz
dem Geistesweben seiner engen Welt,
die er nicht fremder fühlte seinem Wesen,
als seines Leibes Glieder.
Es waren ihm ja Freunde auch
Des Waldes Bäume und die Blumen,
es sprachen Geisteswesen aus den Kronen,
den Kelchen und den Wipfeln –,
verstehen konnte er ihr Raunen – –.
Geheimer Welten Wunderdinge
erschlossen sich dem Knaben,
wenn seine Seele sich besprach
mit dem, was leblos nur
den meisten Menschen gilt.
Und sorgend oft vermißten abendlich
die Eltern den geliebten Sprossen. –
An einem nahen Orte war er dann,
wo aus den Felsen eine Quelle drang,
und tausendfach zerstäubend
die Wassertropfen über Steine sprengte.
Wenn Mondeslichtes Silberglanz
in Farbenfunkelspielen zauberhaft
sich spiegelt in des Wassers Tropfenstrom,
da konnt' der Knabe stundenlang
am Felsenquell verharren,
Und Formen, geisterhaft gebildet,
entstanden vor dem Knabenseherblick
im Wassertreiben und im Mondernlichtgeflimmer.
Zu dreien Frauenbildern wurden sie,

die ihm von jenen Dingen sprachen,
nach denen seiner Seele Trieb gerichtet. –
Und als in einer milden Sommernacht
Der Knabe wieder an der Quelle saß,
ergriff der Frauen eine viele tausend Stäubchen
des bunten Wassertropfenwesens
und reichte sie der zweiten Frau.
Die füllte es mit Mondessilberlicht,
und gab es so dem Knaben.
Der hatte alles dies geschaut
mit seinem Knabenseherblick. –
Ihm träumte in der Nacht,
die dem Erlebnis folgte,
wie er beraubt des Kelches
durch einen wilden Drachen ward, –
Nach dieser Nacht erlebte jener Knabe
nur dreimal noch das Quellenwunder.
Dann blieben ihm die Frauen fort,
auch wenn der Knabe sinnend saß
am Felsenquell im Mondensilberlicht. –
Und als dreihundertsechzig Wochen
zum drittenmal verstrichen waren,
war längst der Knabe Mann geworden,
und von dem Elternhause und dem Waldesgrund
in eine fremde Stadt gezogen.
Da sann er eines Abends,
von harter Arbeit müde,
was ihm das Leben wohl noch bringen möge.
Es fühlte sich der Knabe plötzlich
nach seinem Felsenquell entrückt;
und wieder konnte er die Wasserfrauen schauen,
und dieses Mal sie sprechen hören.
Es sagte ihm die erste:
Gedenke meiner jeder Zeit,

wenn einsam du dich fühlst im Leben.
Ich lock' des Menschen Seelenblick
in Ätherfernen und in Sternenweiten.
Und wer mich fühlen will,
dem reiche ich den Lebenshoffnungstrank
aus meinem Wunderbecher. –
Und auch die zweite sprach:
Vergiß mich nicht in Augenblicken,
die deinem Lebensmute drohen.
Ich lenk' des Menschen Herzenstriebe
in Seelengründe und auf Geisteshöhn.
Und wer die Kräfte sucht bei mir,
dem schmiede ich die Lebensglaubensstärke
mit meinem Wunderhammer. –
Die dritte ließ sich so vernehmen:
Zu mir erheb' dein Geistesauge,
wenn Lebensrätsel dich bestürmen.
Ich spinne die Gedankenfäden
in Lebenslabyrinthen und in Seelentiefen.
Und wer zu mir Vertrauen hegt,
dem wirke ich die Lebensliebestrahlen
aus meinem Wunderwebestuhl. – – –
Es träumt in jener Nacht,
die dem Erlebnis folgte,
dem Manne, daß ein wilder Drache
in Kreisen um ihn her sich schlich –
und nicht ihm nahen konnte:
Es schützten ihn vor jenem Drachen
die Wesen, die er einst am Felsenquell geschaut,
und die aus seiner Heimat
mit ihn zum fremden Ort gezogen waren.
– – – – – – – –
– – – – – – –

Capesius:
Habt Dank, ihr liebe Frau
ich gehe reichbeschenkt von euch.
(Steht auf und geht; Fau Balde geht ins Haus.)

Capesius: (allein in einiger Entfernung das Folgende sprechend)
Ich fühle, wie gesundend solch ein Bild
In meiner Seele wirkt, und allem Denken
Verlorne Kräfte wiedergeben kann
Es war so einfach, was die Frau erzählte,
und doch erregt es mir Gedankenkräfte,
die mich in unbekannte Welten tragen. – –
Ich will in dieser schönen Einsamkeit
dem Träumen mich ergeben, das so oft
Gedanken meiner Seele schenken wollte,
die wohl weit besser sich erwiesen haben
als manche Früchte wochenlangen Grübelns.
– – – – – – – –
– – – – – – – –
(Er verschwindet hinter einem dichten Gesträuch.)

Johannes: (erscheint in tiefes Nachdenken verloren in derselben Waldgegend)
War's Traum, war's Wirklichkeit?
Ich kann es nicht ertragen, was die Freundin
in milder Ruhe, doch so ernst.
von unsrer Trennung sprach.
O könnte ich nur denken, daß Vernunft,
dem Geistestriebe widersetzlich,
sich zwischen sie und mich
als Trugbild stellen wollte. –
– – – – – – – –
– – – – – – – –
–
Ich kann nicht – ich will sie nicht befolgen,

die Mahnung, die Maria fand,
zu übertönen meiner Seele Stimme,
die unaufhörlich spricht „Ich liebe sie"
–
und meine Liebe ist mir Quelle
des Wirkens, das allein ich kennen will.
Was ist mir aller Schaffenstrieb,
was Ausblick zu den hohen Geisteszielen,
wenn sie das Licht mir rauben wollen,
das mir das Sein beleuchten kann? –
In diesem Lichte muß ich leben dürfen,
und wird es mir genommen,
so will ich nur den Tod für Ewigkeiten.
Ich fühle, wie die Kraft mir schwindet,
wenn ich versuchen will zu denken:
Ich müßt' auf Wegen wandeln,
die nicht von ihrem Licht beleichtet wird.
– – – – – – – –
– – – – – – – –
Es webt sich mir vor Augen
ein Nebel, der die Wunder,
die herrlich diese Wälder, diese Felsen
mir sonst vor Augen malten,
in Wirrnis mir verwandelt – – –
Ein wilder Traum entsteigt dem Abgrund – –
–
O wie er schaurig mich durchrüttelt – –
– – – – – – – –
– – – – – – – –
O weiche von mir – – !
Ich lechze nach der Einsamkeit,
die mir die eignen Träume lassen will;
in ihnen darf ich noch erstreben,
was mir verloren scheint – –

– – – – – – – – –
– – – – – – – – –
– – Er will nicht weichen – – !
So will ich ihm entflieben –
(Fühlt sich wie am Boden festgehalten.)
Ach – – – – – –,
wer du auch bist,
ob menschich Blut in deiner Form sich birgt,
ob geistig nr dein Sein –
verlasse mich – – –
Wer ist es – – – ?
Ein Dämon stellt mich vor mich selber hin. –
–
Es will nicht weichen – – – –,
es ist das Bild des eignen Wesens –,
es scheint selbst stärker noch,
als dieses Wesen selbst zu sein – – – – –

Der Doppelgänger:
Ich liebe dich, Maria . . . .
mit pochendem Herzen,
mit fieberndem Blute
nur kann ich vor dir stehn. –
Und wenn dein Blick mich trifft,
durchrieseln heiße Schauer mich,
und wenn du deine liebe Hand
in meine Hand willst legen,
erfüllt mich Seligkeit
in allen Gliedern – – – – –
–

Johannes:
Du Spukgestalt, aus Nebeldunst gewoben,
du wagst es, hier zu lästern
des Herzens reinstes Fühlen – – – :

O welche Schuld hab' ich auf mich geladen,
daß ich erblicken muß
ein lüstern Zerrbild meiner Liebe,
die mir so heilig ist – – – –

Der Doppelgänger: (mit etwas andrer Stimme)
Ich habe deinen Worten oft gelauscht –,
ich schien in meine Seele sie zu saugen
als Kunde aus dem Geisterland. –
Doch mehr als alle Offenbarung
empfand ich liebend deine Nähe.
Und wenn du sprachst von Seelenwegen,
erfüllte mich die Seligkeit,
die stürmisch wogt im Blute – – –

Die Stimme des Gewissens:
So spricht verschwiegene,
doch nicht vertriebene,
vom Schein gemiedene,
im Blut gebliebene
geheime Kraft
der Leidenschaft.

Der Doppelgänger:
Ich darf dich nicht verlassen:
Du wirst mich oft an deiner Seite finden,
ich weiche nicht von dir,
bis du die Kraft gefunden,
dich mich zum Gleichnis macht
des Wesens, das du werden sollst.
Noch bist du's nicht in dieser Zeit.
Nur in dem Wahne deiner Eigenheit
erblickst du es in dir.
– – – – – – – –

– – – – – – – –

(Es erscheinen Lucifer und Ahriman.)

Lucifer:
O Mensch, besiege dich,
o Mensch, erlöse mich.
Du hast mich überwunden
in deinen Seelenhöhen;
Ich bleibe dir verbunden
in deinen Wesenstiefen.
Du wirst mich immer finden
auf deinen Lebenswegen,
willst du dich unterwinden,
dich ganz vor mir zu schützen.
O Mensch, besiege dich,
o Mensch, erlöse mich.

Ahriman:
O Mensch, erkühne dich,
o Mensch, erlebe mich.
Du konntest dir erwerben
das Geistersehen;
Ich mußte dir verderben
das Herzensleben;
Du sollst noch oft erleiden
die stärkste Seelenpein,
willst du dich nicht bescheiden
an meine Kräfte halten.
O Mensch, erkühne dich,
o Mensch, erlebe mich.

(Lucifer und Ahriman verschwinden; desgleichen der Doppelgänger. – Capesius erscheint wieder. Er hat hinter dem Gesträuch die Szene zwischen Johannes und dem Doppergänger wie in einer Vision mitgemacht.)

Capesius:
Wie war mir eben? Wie ein schwerer Alp
belastet's mich. Thomasius kam des Weges,
er blieb dann stehen, wie mit jemand sprechend,
und doch war niemand außer ihm am Orte.
Ich fühlte, wie wenn schwere Angst mich drückte;
ich sah nicht mehr, was dann um mich geschah.
Wie schlafend, unbewußt muß ich doch wohl
in jene Bilderwelt versunken sein,
auf die ich mich ganz gut besinnen kann.
Es muß nur kurze Zeit gewesen sein,
daß ich so träumend selbstverloren saß.
Und doch, wie reich war jene Traumeswelt,
und wie befremdend scheint sie mit zu sein.
Ich konnte Menschen aus vergangnen Tagen
ganz deutlich sehen und auch sprechen hören.
Von einem Geistesbunde träumte ich,
der nach der Menschheit Höhen zielvoll
strebte.
Mich selbst erkannt' ich klar in ihrer Mitte
Und fühlen mußt' ich mich vertraut mit
allem.
Ein Traum nur –, doch erschütternd war der Traum.
Ich weiß, daß ich gewiß in diesem Leben
dergleichen niemals kann erfahren haben.
Und was mir als Empfindung ist geblieben,
erfüllt die Seele wie das volle Leben.
Mich zieht es urgewaltig nach den Bildern – –:
O könnte ich den Traum doch wieder schauen.

(Vorhang, während Capesius stehenbleibt.)

Das Folgende stellt Bilder von Vorgängen aus dem ersten Drittel des vierzehnten Jahrhunderts dar. Der Fortgang wird zeigen, daß in ihnen die

Rückschau von Capesius, Thomasius und Maria in ihr früheres Erdenleben zu sehen ist.

Sechstes Bild

Eine Waldwiese. Im Hintergrunde hohe Felsen, auf denen eine Burg steht. Sommerabendstimmung. (Bauern, der Jude Simon; der Bergwerkmeister Thomas, ein Mönch.)

(Bauern über die Wiese gehend, und während sie stehenbleiben, sprechend):

1. Bauer:
Seht dort den bösen Juden,
er wird nicht wagen,
denselben Weg zu gehn wie wir;
er könnte Dinge hören,
die lange seine Ohren jucken.

2. Bauer:
Wir müssen seiner Dreistigkeit
einmal recht deutlich fühlen lassen,
daß wir sie nicht mehr länger dulden
in unsrem biedern Heimatland,
in das er sich hereingeschlichen hat.

1. Bäuerin:
Er steht im Schutze der hohen Herrn,
die oben auf dem Schlosse wohnen;
von uns darf niemand dort hinein,
den Juden nimmt man gerne auf.
Er tut auch was die Ritter wollen.

3. Bauer:
Es ist recht schwer zu wissen,
wer Gott und wer der Hölle dient.

Wir müssen unsern Rittern dankbar sein;
Sie geben uns das Brot und auch die Arbeit.
Was wären wir denn ohne sie?

3. Bäuerin:
Mir aber hat ein Mönch verraten,
daß teuflisch ist, womit der Jude heilt.
Man muß vor seinem Gift sich hüten;
es soll im Leibe sich verwandeln
und allen Sünden Einlaß geben.

4. Bauer:
Die Menschen, die den Rittern dienen,
bekämpfen unsre alten Sitten.
Sie sagen, daß der Jude vieles weiß,
was Heil und Segen bringt,
und was man künftig erst noch schätzen wird.

5. Bauer:
Es kommen neue bessre Zeiten,
ich schau' sie schon voraus im Geiste,
wenn mir die Seelenbilder zeigen,
was Leibesaugen nicht erblicken können,
Die Ritter wollen uns das alles schaffen.

4. Bäuerin:
Wir sind der Kirche Treue schuldig,
die unsre Seele vor den Teufelsbildern,
vor Tod und Höllenqualen rettet.
Die Mönche warnen vor den Rittern,
und vor dem Zaubrer auch, dem Juden.

5. Bäurin:
Wir sollen nur noch kurze Zeit
geduldig unser Joch ertragen,
das uns die Ritter auferlegen.

Die Burg wird bald in Trümmern liegen;
das hat ein Traumgesicht mir offenbart.

6. Bäuerin:
Mich quält die Angst vor schwerer Sünde,
wenn ich oft hören muß,
die Ritter wollten uns verderben. –
Ich seh' nur Gutes stets von ihnen kommen;
ich muß sie auch als Christen gelten lassen.

6. Bauer:
Was künfig Menschen denken wollen,
das soll man denen überlassen,
die nach uns leben werden.
Den Rittern sind wir nur
Das Werkzeug für die Teufelskünste,
mit denen sie bekämpfen,
was wahrhaft christlich ist.
Wenn sie vertrieben werden,
sind wir der Führung ledig,
und können dann nach eignem Sinn
in unsrer Heimat leben.
Wir wollen jetzt zur Abendandacht gehn;
da finden wir, was unsre Seelen brauchen,
und was der Väter Sitten angemessen ist.
Die neuen Lehren taugen nicht für uns.
(Die Bauern gehen ab; Simon, der Jude, kommt aus dem Walde.)

Simon:
So sind's nur stets der alte Haß und Spott,
die ich von allen Seiten hören muß.
Und doch erfüllt mich immer wieder Schmerz,
wenn ich mich ihnen bloßgestellt muß sehn.
Es scheint kein Grund vorhanden für die Art,
wie ich behandelt werde von den Leuten.

Und doch verfolgt mich Ein Gedanke oft,
der mir die Wahrheit vor die Sinne rückt,
daß Sinn in allem liegt, was wir erleben.
So muß gewiß auch dies begündet sein,
daß Menschen meines Stammes leiden müssen.
Und blick' ich auf die Herren jener Burg,
so find' ich ihr Geschick dem meinen ähnlich.
Sie haben sich nur zielvoll selbst gewählt,
wozu Naturgewalten mich verhalten.
Sie sondern sich von allen Menschen ab,
um einsam strebend Kräfte auszubilden,
durch die sie ihre Ziele finden können.
Ich fühle so, was ich dem Schicksal schilde,
das mich mit Einsamkeit gesegnet hat.
Nur auf die eigne Seele hingewiesen,
ergab ich mich dem Reich der Wissenschaft.
Erkennen konnte ich aus ihren Lehren,
daß unsre Zeit sich neuen Zielen neigt.
Es müssen sich dem Menschen offenbaren
Naturgesetze, die bisher ihm fremd;
Er wird sich so die Sinnenwelt erobern,
und aus ihr Kräfte sich entfalten lassen,
die er in seine Dienste stellen wird.
Ich habe nun getan, was ich vermocht,
ich solcher Art die Heilkunst fortzubilden.
Dies Streben machte mich dem Bunde wert.
Die Brüder ließen mich auf ihren Gütern
die Kräfte, welche in den Pflanzen ruhn
und die im Erdengrunde aufzufinden,
zu neuem Heilverfahren untersuchen.
So handle ich nach ihrem Sinn und Ziel,
und darf bekennen, daß ich manche Frucht
auf meinem Wege freudig pflücken konnte.
(Geht weiter in den Wald hinein.)

(Der Bergwerksmeister Thomas kommt aus dem Walde, ihm begegnet der Mönch.)

Thomas:
Ich will mich hier ein wenig niederlassen.
Es braucht die Seele Ruhe, sich zu finden
Nach solchen Stürmen, wie sie mich getroffen.
(Der Mönch kommt hinzu.)

Mönch:
Ich grüße dich recht herzlich, wackrer Sohn.
Du hast die Einsamkeit hier aufgesucht;
Nach vieler Arbeit willst du stillen Frieden,
zu lenken deinen Sinn nach Geisteswelten.
So seh' ich meinen lieben Schüler gerne.
Es blickt dein Auge aber wehmutvoll?
Es scheint, daß Sorgen deine Seele quälen.

Thomas:
Der Schmerz ist nahe oft dem höchsten Glücke;
Das zeigt mein Leben mir in diesen Tagen.

Mönch:
So hast du Glück und Schmerz zugleich erfahren?

Thomas:
Mein hoher Herr, ich hab' euch anvertraut,
daß ich des Bergaufsehers Tochter liebe,
und daß auch sie mir herzlich zugetan.
Sie wird als Weib mit mir das Leben teilen.

Mönch:
Sie wird dir treu im Glück und Leide folgen;
sie ist der Kirche fromm ergebne Tochter.

Thomas:
Nur solch ein Weib kann mir zur Seite stehn,

da ich von euch, mein vielgeliebter Führer,
die wahre Gottergebenheit gelernt.

Mönch:
Und bist du auch der eignen Seele sicher,
daß sie den Weg auch ferner wandeln wird,
den ich ihr als den rechten zeigen durfte?

Thomas:
So wahr mein Herz in meinem Leibe schlägt,
so wahr soll euer Sohn für alle Zeiten
den hohen Lehren treu ergeben sein,
die er aus eurem Munde hören durfte.

Mönch:
Und habt ihr mir von eurem Glück gesprochen,
so laßt mich euer Leid nun auch erfahren.

Thomas:
Ich hab' euch oft erzählt, wie ich gelebt.
–
Als ich der Kindheit kaum entwachsen war,
begann ich in der Welt umherzureisen.
Ich habe oft den Arbeitsort verändert.
Es lebte mir im Herzen stets der Wunsch,
dem Vater zu begegnen, den ich liebte,
obgleich ich Gutes nicht von ihm erfahren.
Verlassen hat er meine gute Mutter,
weil er, von Weib und Kindern ungehindert,
ein neues Leben sich gewinnen wollte.
Der Trieb nach Abenteuern lag in ihm.
Ich war ein Kind noch, als er von uns ging;
Und meine Schwester eben erst geboren.
Die Mutter starb aus Gram nach kurzer Zeit.
Die Schwester kam in guter Leute Pflege,
die später meinen Heimatsort verlassen haben.

Ich konnte nichts mehr von dem Mädchen hören.
Ich lernte, von Verwandten unterstützt,
das Bergfach, und ich kam so weit darin,
daß ich stets Arbeit fand, wo ich sie suchte.
Mir hat die Hoffnung niemals schwinden können,
daß ich den Vater wiederfinden müßte.
Und jetzt, da meine Hoffnung sich erfüllt,
ist sie zugleich für immer mir genommen. –
Ich hatte gestern wegen Dienstessachen
Bei meinem Vorgesetzten mich zu melden.
Ihr wißt, wie wenig ich den Ritter liebe,
der meiner Arbeit Oberleiter ist,
seit mir bekannt, daß ihr sein Gegner seid.
Seit dieser Zeit hab' ich mir vorgenommen,
im Dienste dieses Schlosses nicht zu bleiben.
Der Ritter brachte unsre Unterredung,
aus Gründen, die mir unbekannt geblieben,
zu solcher Wendung, die ihm möglich machte,
sich als – mein Vater mir zu offenbaren . . . .
Was folgte . . . o ich möchte es verschweigen . . .
Ich hätte alles Leid vergessen können,
das er der Mutter und mir selbst bereitet,
als ich dem Vater gegenüberstand,
der schmerzgebeugt von alten Zeiten sprach.
Doch *euer* Gegner stand in ihm vor mir.
Ich konnte nur das eine klar mir machen,
welche tiefe Kluft mich trennen muß für immer,
von ihm, den ich so gerne lieben würde,
den ich so lange sehnsuchtsvoll gesucht. –
Ich habe ihn zum zweiten Mal verloren.
So fühle ich, was ich erleben mußte.

Mönch:
Ich werde niemals dich entfremden wollen

den Banden, die das Blut dir auferlegt.
Doch was ich deiner Seele geben kann,
soll dir in Liebe stets beschieden sein.

(Vorhang fällt, während beide abgehen.)

Siebentes Bild

Ein Zimmer jener Burg, die im vorigen Bild von außen zu sehen war. Alles geschmückt mit Symbolen einer mystischen Brüderschaft. (Die geistigen Ritter während einer Versammlung, dann der Mönch mit einem der Ritter, später die Erscheinung des Geistes Benedictus', der etwa fünfzig Jahre vorher verstorben. Lucifer und Ahriman. Der Grossmeister mit vier Brüdern an einem langen Versammlungstisch.)

Grossmeister:
Die ihr Gefährten mir geworden,
im Suchen nach der Menschheit Zukunftzielen,
die aus dem Geistgebiet zu tragen
ins Reich des Erdenwirkens
als Bundessatzung uns gegeben:
ihr sollt' mir treu zur Seit' auch stehn
in dieser Zeit der schweren Sorgen.
Seit unser teures Haupt gefallen
als Opfer jener dunklen Mächte,
die aus dem Bösen ihre Kräfte holen,
um durch des Widerstandes Kraft
in ihrer Art der Weisheit Plan zu dienen,
die Gutes auch aus Bösem wirkt –
seit dieser Zeit ist hoffnungslos all unser Erdenstreben.
Schon haben uns die Feinde überwältigt
gar manche unsrer Bundesburgen, – –
und viele unsrer teuren Brüder
sind kämpfend ihm gefolgt, dem großen Meister,

ins lichte Reich der Ewigkeiten.
Auch uns muß bald die Stunde schlagen,
in der auch diese Mauern fallen,
die schützend uns umgeben.
Schon spähen unsre Feinde allerorten,
wie sie der Güter uns berauben können,
die wir zum eignen Nutzen nicht erworben,
die wir als Mittel nur gebrauchten,
um uns zu scharen solche Menschen,
in deren Seele wir
die Keime für die Zukunft pflanzen können.
Sie sollen reifen dann, wenn jene Menschen
die Rückkehr finden aus dem Geisterland
zu einem spätern Erdenleben.

1. Zeremonienmeister:
Daß unser Bund sich beugen muß
dem dunklen Plan des Schicksalsplanes:
begreiflich muß es scheinen.
Doch daß im Fallen die Gemeinschaft mit sich
reißt
So vieler Brüder Einzelleben:
Ein Unrecht scheint es vor dem Weltgesetz.
Nicht klagen soll mein Mund;
denn willig starben unsre Brüder. –
Doch sucht Verständnis meine Seele
des Opfers, das vom Menschen wird gefordert,
der an ein Ganzes sich gebunden hat,
wenn Schicksalsmächte diesem Ganzen
den Untergang bereiten müssen.

Grossmeister:
Es ist des Menschen Sonderleben
gar weise mit dem Weltenplan verknüpft.
In unsrer Brüder Reihen

ist mancher wohl, der fähig sich erweist,
mit seinen Geisteskräften unserm Bund zu dienen,
und der doch Flecken hat in seinem Dasein.
Es müssen seines Herzens irre Wege
die Sühne finden duch die Leiden,
die er im Dienst des Ganzen tragen muß.
Und wer nicht schuldig durch die eignen Taten
die Dornenwege wandern muß,
die aus dem Bundeskarma stammen,
dem wird der Schmerz die Kraft verleihn,
zum höhern Leben aufzusteigen.

1. Zeremonienmeister:
So darf der Bund auch Menschen
in seiner Mitte dulden,
die nicht mit reinster Seele nur
sich weihen können seinen hohen Zielen?

Grossmeister:
Es wägt allein das Gute in den Seelen,
wer hohem Werke sich gewidmet,
und läßt das Schlimme seine Sühne finden
im Lauf der Weltgerechtigkeit.
Ich habe euch, ihr Brüder, jetzt zu mir gerufen
Um euch in unsern Trauertagen
Mit ernstem Worte zu erinnern;
Daß freudig uns geziemt zu sterben –
für unsre Ziele, denen lebend uns zu weihn
wir treu gelobet haben.
Ihr seid im rechten Sinne meine Brüder,
wenn mutig wiederklingt in euren Seelen
des Bruderbundes Weihespruch:
„Es muß sein Sondersein und Leben opfern,
wer Geistesziele schauen will
durch Sinnesoffenbarung;

wer sich erkühnen will,
in seinen Eigenwillen
den Geisteswillen zu ergießen,“

1. Präzeptor:
Erhabner Meister, wenn du prüfen wolltest
die Herzen aller unsrer Brüder:
erklingen müßte dir der helle Widerhall
der Worte unsres Weihespruches.
Doch möchten wir aus deinem Munde hören,
wie wir zu deuten haben,
daß unsre Feinde mit unsern Gütern, unserm Leben,
uns rauben auch die Seelen,
die wir in Liebe pflegten.
Schon zeigt es sich mit jedem Tage klarer,
wie unsre Leute nicht allein
den Siegern sich durch Zwang ergeben;
wie sie auch hassen lernen
den Geistesweg, den wir gewiesen.

Grossmeister:
Was wir gepflanzt in Seelen haben,
es mag für diese Zeiten sterben;
doch werden wiederkehren solche Menschen,
die unsres Geistes Licht geatmet,
und unsre Werke dann der Welt verleihn.
So spricht zu meinem Geiste oft
der große Führer aus dem Totenreich,
wenn ich in meinen stilen Stunden
un meine Seelengründe tauche,
und Kräfte mir erwachen,
zu weilen in dem Geisterlande.
Ich fühle dann des Meisters Gegenwart
und höre seine Worte,
wie ich in Sinnesleben

sie oftmals hören durfte.
Er spricht von unsres Werkes Ende nicht;
nur von Erfüllung unsrer Ziele
in spätren Erdentagen.
(Es gehen der Großmeister und zwei Brüder ab, während zwei zurückbleiben.)

1. Präzeptor:
Er spricht von Geisteswelten in der gleichen Art,
wie andre Menschen über Dörfer oder Städte
– – –.
Bedrückend find' ich diese Art,
wie unsre höchstgeweihten Brüder
von andern Daseinsreichen sprechen.
Und doch bin ich ganz streng verbunden
mit allen unsern Erdenzielen.

2. Zeremonienmeister:
Ich halte mich an unsrer Meister Worte:
Wer nicht mit vollem Glauben
die Kunde kann vernehmen
von Geist und Geisteswelten, –
ihm fehlt es nicht an Fähigkeit,
zu fassen solche Offenbarung.
Es fehlt ganz andres ihm.
Daß er sicht wert sich fühlen darf
der höhern Welten Glied zu sein,
er ahnt es wohl, doch möcht' er sich's
verbergen.
Die Seele muß geheime Flecken haben
und sich darüber täuschen wollen,
wenn sie sich nicht dem Geisteswissen beugen will.
(Die beiden gehen ab.)
(Der Mönch erscheint in demselben Zimmer; zu ihm tritt der zweite Präzeptor.)

2. Präzeptor:
Was führt euch her in dieses Haus,
das auch als Feindesstätte gilt?

Mönch:
Ich muß zu meinen Freunden zählen,
was Menschenantlitz trägt;
so will es unsre strenge Regel.
Doch feindlich könnt' euch wohl erscheinen,
was pflichtgetreu zu fordern mir obliegt.
In meiner Obern Auftrag bin ich hier.
Sie wollen auf dem Friedenswege
der Kirche Gut zurückerstattet haben,
das ihr durch alter Briefe Inhalt zugehört.
Das Grundstück, das ihr zum Bergwerk umgestaltet,
ist unsrer Kirche rechtlich Eigentum.
Es kann die Art als Recht nicht gelten,
wie ihr das Gut erworben habt.

2. Präzeptor:
Ob wir duch Recht es unser nennen oder nicht,
darüber können Richter lange streiten.
Doch sicher ist es unser Eigentum
Im Sinne eines höhern Rechtes.
Das Grundstück war ein ungenützter Boden
als unser Bund es angekauft.
Es war euch gänzlich unbekannt,
daß dieses Bodens Tiefen reiche Schätze bergen.
Wir haben sie dem Menschenfleiß erobert.
Es wandern heute diese Schätze
in fernste Länder, Menschenwohl zu fördern.
Und viele wackre Leute schaffen
Ii jenes Bodens Schachten,
die ihr als Wüstenei besessen habt.

Mönch:
So haltet ihr es nicht für Recht,
in eurem Bunde durchzusetzen,
daß er im Frieden sich mit uns verständigt,
wie wir zu unserm Rechte kommen sollen?

2. Präzeptor:
Da wir uns keiner Schuld bewußt,
vielmehr des vollen Rechtes sicher sind,
so können wir in Ruhe warten,
ob auch in dieser Sache euch belieben wird,
das Unrecht doch auf eure Seite hinzuwenden.

Mönch:
Ihr habt es eurem starren Willen zuzuschreiben,
wenn wir zu andern Mitteln so gezwungen sind.

2. Präzeptor:
Die Ehre unsres Bundes heischt,
daß er nur kämpfend
sich seines Rechts berauben läßt.

Mönch:
So ist mein Auftrag denn erfüllt,
ich kann nun euch und mir die weitern Worte sparen.
Ist's möglich wohl, zu sprechen
das Haupt, das hier gebietet?

2. Präzeptor:
Der Meister wird euch wohl zu Diensten stehn;
Doch bitt' ich euch, verweilet kuze Zeit,
er wird sogleich nicht kommen können. (Er geht ab.)

Mönch:
O, daß mein Amt mich zwingt,
die Räume des verhaßten Bundes zu betreten.
Es trifft mein Blick nach allen Seiten

auf Teufelszeichen und auf Sündenbilder.
Ein Grauen will mich fast ergreifen . . .
Es knistert – oh, es poltert durch den Raum;
Ich fühle wie von bösen Mächten mich umgeben.
– – – – – – – – –
– – – – – – – – –
Da ich bewußt mir keiner Sünde bin,
will ich den Widersachern trotzen –
– – – – – – – – –
– – – – – –
Es wird ganz furchtbar . . . .
Oh – – – – – – –
– – – – –
(Es erscheint der Geist des Benedictus.)
Ihr guten Geister, steht mir bei!

Benedictus:
Besinne dich, mein Sohn!
Ich durfte oft mich zu dir wenden,
wenn deines Betens Inbrunst
dich in die Geisteswelt entrückte.
So höre mutvoll auch in dieser Stunde,
was du erkennen mußt,
wenn Geisteshelle statt der Finsternis
in deiner Seele walten soll.

Mönch:
Wenn ich um Klarheit flehte,
in solch' bedeutungsvollen Dingen,
und mein ergebnes Beten
Erhörung fand im Geistesland,
erschienst du mir, mein großer Meister,
der unsrer Ordens Zierde war,
als er im Erdenleibe lebte.
Du sprachst zu mir aus höhern Reichen,

erleuchtend mir den Sinn,
und stärkend mir die Kraft.
Es schaute dich mein Seelenblick,
es hörte dich mein Geistgehör.
Ergeben will ich auch in dieser Stunde
der Offenbarung lauschen,
die du in meine Seele fließen läßt.

Benedictus:
Du bist um Hause eines Bruderbundes,
den deine Seele böser Ketzerei beschuldigt.
Er scheint zu hassen, was wir lieben,
und zu verehren, was uns Sünde dünkt.
Es halten unsre Brüder sich verpflichtet,
den Untergang der Geistessünde zu befördern.
Sie können sich dabei auf jene Worte stützen,
die ich im Erdensein gesprochen.
Sie ahnen nicht, daß diese Worte
sich lebend nur erzeugen können,
wenn sie im rechten Sinne fortgebildet werden
von jenen, welche meiner Arbeit Folger sind.
So lasse du in deiner Seele
im Sinne einer neuen Zeit erstehen,
was ich auf Erden habe denken dürfen.
Den Orden, welcher aus der Mystik Reich
sich seine Ziele weisen läßt,
erblicke ihn in jenem Lichte,
in dem ich selbst ihn heute sehen würde,
wenn mir beschieden wäre,
im Erdenleibe wirksam unter euch zu wandeln.
Der Bund ist hohen Zielen zugewandt.
Die Menschen, die sich ihm gewidmet,
empfinden ahnend spätre Erdenzeiten,
und ihre Führer ahnen schon im Vorgesicht

die Früchte, die in Zukunft reifen sollen.
Es werden Wissenschaft und Lebensführung
die Formen und die Ziele wandeln.
Und was der Bund, den du verfolgen hilfst,
in dieser Zeit zu leisten sich getrieben fühlt,
sind Taten, welche dieser Wandlung dienen.
Nur wenn zum Friedenswerk sich einen will
das Ziel, dem unsre Brüder dienen,
mit jenem, dem die Ketzer folgen,
kann Heil dem Erdenwerden blühn.

Mönch:
Die Mahnung, der ich würdig bin befunden,
wie kann ich ihr nur folgen – – –?
Sie weicht gewaltig ab von allem,
was mir bisher als richtig wollte scheinen.
(Es erscheinen Ahriman und Lucifer.)
Doch nahen mir noch andre Wesen!
Was wollen sie an meiner Seite?

Ahriman:
Die weitre Weisung kommt von andern Orten.
Es kann dir leicht nicht scheinen,
des Vorfahrs Winken zu gehorchen.
Bedenk', daß er im Reich der Seligkeiten lebt.
Was dort Gebot und Pflicht ersehnt,
es kann in eurer Gegenwart
auf Erden nur Verwirrung stiften.
Erheb' den Blick zu seinen Höhen,
wenn du Erbauung suchen willst
im Glück, das fernsten Erdentagen
von Weltengeistern wird beschieden sein.
Doch willst du jetzt schon richtig wirken,
so laß von dem allein dich führen,
was dir Vernunft und Sinne lehren.

Es ist dir gut gelungen,
die Sünden jener Bundesbrüder zu ergründen,
die sie vor aller Welt verbergen müssen.
Sie zeigen dir, wie ihre Zukunftssatzung
gar wohl in Sünderseelen leben kann.
Wie könntest du bei solcher Wissenschaft
In Frieden mit dem Bunde leben wollen!
Der Irrtum ist ein schlechter Boden;
er läßt nicht gute Früchte reifen.

Lucifer:
Es hat dein frommer Sinn
Die rechten Wege dir gewiesen.
Wohl wandeln sich die Zeitenziele,
doch dürfen Ketzer nicht
des Menschen Pfade vorbestimmen.
An diesem Geistesbunde ist gefährlich,
daß er in Worten Wahrheit spricht,
und doch der Wahrheit jene Wendung gibt,
durch die sie an Gefährlichkeit
den Irrtum übertreffen muß.
Wer offen wollt' der Lüge dienen,
der müßte sinnbetört wohl sein,
wenn er im Glauben leben könnte,
die Menschen folgten seiner Führung.
Die Geistesritter sind so unklug nicht, –
sie sprechen wohl von Christi Wesenheit,
weil dieser Name alle Tore öffnet,
die zu den Menschenseelen führen.
Man kann für Christi Gegenbild
am besten Menschenherzen fangen,
wenn Christi Namen man dem Bilde gibt.

Mönch:
Verwirrend klingen mir aus Seelenwelten

die Stimmen, die ich oft gehört,
und die doch stets bekämpfen wollten,
was frommer Sinn befiehlt.
Wie soll ich denn die guten Wege finden,
wenn böse Mächte sie mir loben.
Bedünken will es mich doch fast – –
–;
Doch nein, das Wort, es bleibe ungedacht –.
Mein weiser Führer wird mich leiten,
daß seiner Worte Sinn sich mir enthüllen kann,
der mir so dunkel scheint.

Benedictus:
Ich kann den rechten Weg dir weisen,
wenn du in tiefster Seele dich durchdringst
mit Worten, die ich einst auf Erden sprach.
Und willst du dieser Worte Leben
In jenen Welten dann erstreben,
in welchen du mich jetzt erschauen kannst,
wird dir der rechte Weg gewiesen sein.

(Vorhang fällt, während noch der Mönch, der Geist des Benedictus, Lucifer und Ahriman im Saale sind.)

Achtes Bild

Derselbe Saal wie im vorigen Bilde. (Der erste Präzeptor, Joseph Kühne; dann der Grossmeister mit Simon; später der erste und der zweite Zeremonienmeister. Joseph Kühne ist zuerst da; der Präzeptor tritt zu ihm.)

1. Präzeptor:
Ihr wünschtet mich zu sprechen.
Was habt ihr mir zu sagen?

Joseph Kühne:
Bedeutsam ist für euch und mich,
was mich hierher getrieben hat.
Ihr kennt den Bergmeister Thomas?
Er steht bei euch in euren Diensten.

1. Präzeptor:
Wohl kenne ich den wackern Mann,
wir schätzen seine kluge Ordnung,
und alle Menschen lieben ihn,
die seiner Führung unterstellt.

Joseph Kühne:
Und wohl auch Cilli, meine Tochter, kennt ihr?

1. Präzeptor: (bewegt)
Ich habe sie gesehn,
wenn ich mit euren Leuten euch begegnet.

Joseph Kühne:
Es traf sich, daß wir Thomas
recht oft in unserm Hause sahn,
schon bald, nachdem er zugereist.
Er kam dann immer öfter.
Wir sahen, daß er bald zu unsrer Cilli
die tiefste Neigung faßte.
Das war uns nicht gerade sonderbar.
Doch wollten wir bei Cillis Wesen
an Gegenliebe lange Zeit nicht denken.
Sie lebte stets nur im Gebet
und floh fast aller Menschen Umgang.
Doch zeigt' es sich stets klarer,
daß sie aus vollen Herzen
dem fremden Mann ergeben ist.
Und wie die Dinge stehen,
sind wir gezwungen, unsres Kindes Wunsch

uns nicht zu widersetzen,
das Thomas in die Ehe folgen will.

1. Präzeptor: (mit unsichern Geberden)
Warum ist diese Ehe wider euren Willen?

Joseph Kühne:
Mein hoher Herr, ihr wißt,
wie treu ergeben ich dem Geist des Bundes hin.
Nur schweren Herzens konnte ich ertragen,
daß meine Tochter ihre ganze Liebe
nach jener Seite hat gewandt,
die euch und mich der Ketzerei beschuldigt.
Der Mönch, der unsres Nachbarklosters Haupt jetzt ist,
und der des Bundes Ziele stets bekämpft,
er hat die Seele unsrer Tochter ganz erobert.
So lange sie in meinem Hause ist,
wird mit die Hoffnung niemals schwinden,
daß sie den Weg zurück muß finden
aus Geistesfinsternis zum Licht.
Doch muß ich sie verloren geben,
ist sie des Mannes Frau geworden,
der gleich ihr selbst das Menschenheil
im Sinnes jenes Mönches sucht.
Es ist dem Pater ganz gelungen,
die Meinung, die er selber hat,
dem Thomas auch als Glauben aufzudrängen.
Nur schaudernd konnt' ich inner hören
die Flüche, die aus Thomas' Munde flossen,
wenn auf den Bund die Rede kam.

1. Präzeptor:
Wie haben viele Feinde,
und wenig kann es nur bedeuten,
daß ihre Zahl um Einen sich vermehrt.

Mir leuchtet nicht aus euren Worten ein,
was ich mit diesem Ehebund zu tun kann haben.

Joseph Kühne:
Mein hoher Herr, ihr seht dies Bündel – –,
sein Inhalt birgt mir sichre Zeugnisse.
Nur ich und meine Frau, wir lasen ihn bisher,
sonst war er hierzulande allen unbekannt.
Er muß in diesem Augenblicke
Auch euch vertraut nun werden.
Das Mädchen, das als unsre Tochter gilt,
ist mein und meines Weibes Sprosse nicht.
Wir haben dieses Kind in Pflege übernommen,
als seine Mutter ihm gestorben war.
Ich glaube, daß, was ihr noch weiter hören sollt,
es nötig nicht erscheinen lassen wird,
zu sagen, wie dies alles so gekommen ist.
Wir kannten unsres Pfleglings Vater lange nicht.
und Cilli kennt noch heute ihren wahren Ursprung nicht.
Sie sieht in uns die wahren Eltern.
Es hätte immer so auch bleiben können;
denn lieb ist uns das Kind wie unser eignes.
Es wurden viele Jahre nach der Mutter Tod
uns diese Schriften zugebracht, die Klarheit geben,
wer unsres Pflegekindes Vater ist.
(Der Präzeptor wird vollends unsicher.)
Ich weiß nicht, ob er euch bekannt,
doch mir ist nun gewiß – –
– – – daß ihr es selber seid.
Ich brauche euch wohl mehr zu sagen nicht.
Doch da es sich um euer Blut hier handelt,
so bitt' ich euch um euren Beistand.
Vielleicht gelingt es uns zusammen,
das Mädchen vor der Finsternis zu retten.

1. Präzeptor:
Mein lieber Kühne, ihr erwieset stets euch treu.
Ich möcht' auf euch auch weiter gerne zählen
können.
Es wird doch in und außer diesen Mauern,
in dieser Gegend niemand hören,
wie ich zu diesem Mädchen stehe?

Joseph Kühne:
Dafür verbürg' ich euch mein Wort.
Ich werde euch nicht schaden.
Ich bitte nur um eure Hilfe.

1. Präzeptor:
Begreift, das ich euch dieses Mal
nicht länger Rede stehen kann.
Ich bitte euch, mich morgen anzuhören.

Joseph Kühne:
Ich werde kommen – – – –.
(Kühne geht ab.)

1. Präzeptor: (allein)
Wie grausam sich mein Schicksal doch erfüllt!
Im Elend ließ ich Weib und Kind,
weil ich als Fesseln sie empfand.
Die Wege, welche mir die Eitelkeit gezeigt,
sie führten mich in diesen Geistesbund.
Ich habe mit den Worten, die erhaben klingen,
dem Werk der Menschenliebe mich verpflichtet.
Ich konnte dies, mit jener Schild beladen,
die aus der Liebe Gegenteil entsprungen.
Des Bundes weise Menschenführung,
sie hat an mir sich klar gezeigt.
Er hat in seine Mitte mich genommen
und seine strengen Regeln mir gegeben.

Ich sah zur Selbsterkenntnis mich gezwungen,
die wohl auf andern Lebenspfaden
mir ferne hätte bleiben müssen.
Als dann durch Schicksalsfügung
der Sohn in meine Nähe kam,
vermeinte ich, daß hohe Mächte mitleidsvoll
den Weg zur Sühne mich erkennen ließen.
Ich wußte längst, daß Kühnes
Pflegekind
die Tochter ist, die ich verlassen habe.
– – – – – – – –

– – – – – –
Dem Bunde steht der Untergang bevor;
Die Brüder werden sich dem Tode weihn,
bewußt sich, daß die Ziele leben werden,
für welche sie das Leben opfern.
Ich fühle nun seit langem schon,
daß ich nicht würdig eines solchen Todes bin.
So reifte nur der Vorsatz immer mehr,
dem Meister meine Lage zu enthüllen,
ihn bittend, mit den Austritt zu gewähren.
Ich wollte dann mich meinen Kindern widmen,
um so in diesem Erdenleben noch
zu bringen jene Sühne, die mir möglich ist.
Ich seh' es klar, den Sohn hat nicht
die Sehnsucht nach dem Vater hergeführt;
das hat sein gutes Herz geglaubt.
Ihn führten seines Blutes Kräfte,
die mit der Schwester ihn verbinden.
Gelockert durch des Vaters Unrecht
erwiesen sich die alten Blutesbande.
Sonst hätte jener Mönch es nicht vermocht,
ihn mir so ganz zu rauben.
Es ist der Raub so gut gelungen,

daß mit dem Bruder nun die Schwester auch
dem Vater sich entfremden wird.
So bleibt mir weiter nichts zu tun,
als jetzt zu sorgen, daß die Kinder
den wahren Sachverhalt erfahren,
und dann die Sühne in Ergebenheit
von jenen Mächten zu erwarten,
die unsres Lebens Schuldbuch führen. –
(Präzeptor geht ab.)
(Es treten nach einer Pause in den Saal der Großmeister und Simon.)

Grossmeister:
Ihr müßt fortan im Schlosse bleiben, Simon.
Seit man das Märchen von der Zauberei
verbreitet hat, wär' jeder Schritt
gefährlich,
den ihr in dieser Gegend machen wolltet.

Der Jude:
Es macht mir wahrlich großen Schmerz, zu wissen,
daß Menschen sich durch ihren Unverstand
der Hilfeleistung feindlich zeigen können,
die ihrem eignen Wohle dienen soll.

Grossmeister:
Wer durch die Gnade hoher Geistesmächte
die Blicke werden darf in Menschenseelen,
der schaut die Feinde, die, in ihnen selbst,
sich ihrem eignen Wesen widersetzen.
Der Kampf, den unsre Gegner uns bereiten,
ist nur ein Bild des großen Krieges,
den eine Macht im Herzen unaufhörlich
aus Feindschaft gegen andre führen muß.

Der Jude:
Mein hoher Herr, ihr sprechet jetzt ein Wort,

das mich in tiefster Seele treffen muß.
Ich bin zum Träumer wahrlich nicht geboren;
doch wenn ich einsam Feld und Wald durchwandle,
da tritt vor meine Seele oft ein Bild,
das ich so wenig mit dem Willen meistre,
wie jene Dinge, welche Augen schauen.
Es stellt sich vor mich hin ein Meschenwesen,
das seine Hand mir liebend reichen will.
In seinen Zügen drückt ein Schmerz sich aus,
den ich in keinem Antlitz noch gesehn.
Die Größe und die Schönheit dieses Menschen
ergreifen alle meine Seelenkräfte;
ich möchte niedersinken, und in Demut
ergeben mich dem Boten andrer Welten. – –
Da flammt im nächsten Augenblicke schon
ein wilder Zorn in meinem Herzen auf.
Ich kann dem Trieb in mir nicht widerstehn,
der meiner Seele Widerstand entfacht – –,
und von mir stoßen muß ich jene Hand,
die sich so liebend mir entgegenhält.
Sobald Besonnenheit mir wiederkehrt,
ist schon die Lichtgestalt von mir gewichen.
Wenn ich mir dann im Denken wiederhole,
was sich mir oft im Geiste vorgestellt,
dann tritt mir der Gedanke vor die Seele,
der mich im tiefsten Herzen kann erschüttern.
Zu euren Lehren fühl' ich mich gezogen,
die von dem Geisteswesen offenbaren,
das aus dem Sonnenreiche niederstieg,
und durch des Menschen Sinnenform erscheinend,
begreiflich wollte Menschenherzen werden;
verschließen kann ich mich der Schönheit nicht,
die eurer edlen Lehren eigen ist –
und kann ihr doch die Seele nicht ergeben.

Ich muß des Menschenwesens Urgestalt
in eurem Geisteswesen wohl erkennen;
doch hält mich trotzig ab mein Eigenwesen,
wenn ich mich gläubig an sie wenden will.
So muß ich in mir selbst der Krieg erleben,
der aller äußern Kämpfe Urbild ist.
Mich ängstigt oft die schwere Rätselfrage,
die meines ganzen Lebens Schicksal trifft:
Wie soll ich fassen, daß ich euch verstehn,
doch nicht im Glauben mich ergeben kann
dem Inhalt eurer edlen Offenbarung?
Ich folge treu dem Vorbild, das ihr gebt,
und bin im Widerspruch mit allem doch,
was Ziel und Ursprung meines Vorbilds ist.
Und wenn ich so mich selbst erkennen muß,
so übertönt der Zweifel jeden Glauben,
in diesem Erdensein mich selbst zu finden.
Und oft sogar erfüllt mich Furcht und Sorge,
es könnte dieses Zweifels wirrer Rest
durch meine künft'gen Erdenleben ziehen.

Grossmeister:
Das Bild, das du geschaut, mein lieber Simon,
es stand vor meinem Geist in vollem Licht,
als du es mir in Worten lebhaft maltest.
Und während du dann weiter zu mir sprachst,
erweitert' sich das Bild vor meinem Blick,
und ich vermochte Dinge zu erschauen,
die Weltenziel und Menschenschicksal binden.
(Der Grossmeister und Simon gehen ab.)
(Es treten nach einer Pause die beiden Zeremonienmeister in den Saal.)

1. Zeremonienmeister:
Ich muß dir frei gestehen, lieber Bruder,
daß unverständlich unsres Hauptes Milde

mir oft erscheint, wenn ich erblicken muß,
wie stark das Unrecht unsrer Gegner ist.
Sie wollen unsre Lehren nicht erfahren,
die sie als Ketzerei und Teufelswerk
den Menschen grausig vor die Seelen malen.
– – – – – – – –
– – – – – – – –

2. Zeremonienmeister:
Des Meisters Milde fließt aus unsern Lehren.
Wir dürfen nicht als höchstes Lebensziel
Verständnis aller Menschenseelen künden,
und unsre Gegner selbst doch mißverstehen.
Es sind in ihrer Mitte viele Menschen,
die wahrhaft nach dem Vorbild Christi leben.
Verschlossen bleiben müßte ihren Seelen
auch dann noch unsrer Lehre tiefster Sinn,
wenn sie mit äußrem Ohr ihn hören wollten.
Bedenke, lieber Bruder, wie du selbst
mit innerm Widerstreben, zaghaft nur,
dem Geistgehör dich hast erschließen wollen.
Wir wissen aus des Meisters Offenbarung,
wie künftig Menschen durch das Geisteslicht
das hohe Sonnenwesen schauen werden,
das einmal nur im Erdenleibe wohnte.
Wir glaube freudig an die Offenbarung,
weil wir vertrauesvoll den Führern folgen.
Doch sprach vor kurzer Zeit bedeutungsvoll
der Mann, in dem wir unser Haupt erkennen:
„Es müssen langsam eure Seelen reifen,
wenn ihr schon jetzt prophetisch schauen wollt,
was sich den Menschen künftig zeigen wird. –
Ihr sollt nicht glauben," – sprach der Meister
ferner,

„daß schon nach eurer ersten Seelenprüfung
dies Vorgesicht der Zukunft euch erscheint.
Auch wenn euch Sicherheit bereits gewährt,
daß alles Menschenleben wiederkehrt,
so tritt die zweite Prüfung erst an euch heran,
die eurem Eigenwahn die Fesseln löst,
so daß er euch das Geisteslicht verdirbt."
Und auch die ernste Mahnung gab der Meister:
„Erforscht in stillsten Andachtsstunden oft,
wie dieser Wahn, als Seelenungeheuer,
gefährlich wird dem Pfad des Geistessuchers.
Wer ihm verfällt, der möchte Menschensein
auch dort erblicken, wo der Geist allein
dem Geisteslicht sich offenbaren will.
Wenn ihr euch würdig wollet vorbereiten,
das Weisheitslicht von Christi Wesenheit
in euer Seelenauge aufzunehmen,
so müsset ihr euch sorgsam selbst bewachen,
daß Eigenwahn euch nicht befallen mag,
wenn eure Seele ihn am fernsten glaubt."
Wenn wir dies Wort uns klar vor Augen stellen,
wird uns die falsche Meinung bald verlassen,
daß wir in unsrer Zeit in leichter Art
die hohen Lehren überliefern können,
zu denen unsre Seelen sich bekennen.
Beglückend müssen wir schon dies empfinden,
daß wir so manche Seele treffen können,
die schon in diesen Tagen unbewußt
dem Keim empfängt für künft'ge
Erdenleben.
Und dieser Keim, er kann im Menschen erst
als Gegner jener Mächte sich erweisen,
zu denen er sich später wenden will.

Ich kann in vielem Haß, der uns verfolgt,
den Samen spätrer Liebe nur entdecken.

1. Zeremonienmeister:
Es ist gewiß, daß höchster Wahrheit Ziel
sich nur in solchen Worten kann erschließen;
doch schwer erscheint es, schon in diesen Tagen,
das Dasein ganz in ihrem Sinn zu lenken.

2. Zeremonienmeister:
Auch darin folg' ich meines Meisters Worten.
Es ist der ganzen Menschheit nicht verliehen,
der Erden Zukunftsein voraus zu leben.
Doch müssen solche Menschen stets sich finden,
die spätrer Tage Wesen schauen können,
und die ihr Fühlen jenen Kräften weihn,
die alles Sein der Gegenwart entreißen
und für die Ewigkeit bewahren wollen.

(Vorhang fällt, während die beiden Zeremonienmeister noch im Saale sind.)

Neuntes Bild

Die Waldwiese wie im sechtsen Bild. (Joseph Kühne, Frau Kühne, deren Tochter Berta; dann Bauern, später der Mönch; zuletzt Cäcilia (genannt Cilli), Kühnes Pflegetocht und Thomas.)

Berta:
Ich möchte gar zu gerne, liebe Mutter,
aus deinem Munde die Geschichte hören,
von welcher Cilli früher öfter sprach.
Du weißt ja alle Märchen zu erzählen,
die unser lieber Vater von den Rittern

nach Hause bringt, und welche viele Leute
mit größter Freude gern vernehmen.

Joseph Kühne:
Die Märchen sind ein wahrer Seelenschatz.
Was sie dem Geiste geben, bleibt erhalten
noch über unsern Tod hinaus, und wird
in spätern Erdenleben Früchte bringen.
Sie lassen uns das Wahre dunkel ahnen;
und aus der Ahnung machen unsre Seelen
Erkenntnis, die uns nötig ist im Leben.
Ja, wenn die Leute nur verstehen könnten,
was unsre Ritter ihnen alles schenken.
Cäcilia und Thomas haben leider
für diese Dinge jetzt nur taube Ohren,
weil sie die Wahrheit anderswo empfangen.

Berta:
Ich möchte heute die Geschichte hören,
die von dem Guten und dem Bösen handelt.

Frau Kühne:
Ich will sie dir recht gern erzählen, höre:
Es lebt' einmal ein Mann,
der sann über viel Weltendinge nach.
Es quälte sein Gehirn am meisten,
wenn er des Bösen Ursprung kennen wollte.
Da konnte er sich keine Antwort geben.
„Es ist die Welt von Gott“, – so sagt' er
sich,
„und Gott kann nur das Gute in sich haben.
Wie kommen böse Menschen aus dem Guten?“
Und immer wieder sann er ganz vergebens;
die Antwort wollte sich nicht finden lassen.
Da traf es sich einmal, daß jener Grübler

Auf seinem Wege einen Baum erblickte,
der im Gespräche war mit einer Axt;
„Was dir zu tun nicht möglich ist, ich kann es
tun,
ich kann dich fällen, du mich aber nicht."
Da sagte zu der eitlen Axt der Baum:
„Vor einem Jahre nahm ein Mann ein Holz,
woraus er deinen Stiel verfertigt hat,
durch eine andre Axt aus meinem Leib."
Und als der Mann die Rede hatt' gehört,
erstand in seiner Seele ein Gedanke,
den er nicht klar in Worte bringen konnte,
der aber volle Antwort gab der Frage:
wie Böses aus dem Guten stammen kann.

Joseph Kühne:
Bedenke die Geschichte, meine Tochter,
und sehen wirst du, wie Naturbetrachtung
Erkenntnis schaffen kann im Menschenkopfe.
Ich weiß nicht, wie viel ich mir erklären kann,
wenn ich die Märchen denkend weiterspinne,
durch welche unsre Ritter uns belehren.

Berta:
Ich bin fürwahr ein recht einfältig Ding,
und würde sicher nichts verstehen,
was kluge Leute mit gelehrten Worten
von ihrer Wissenschaft erzählen können.
Mir fehlt auch jeder Sinn für solche Dinge.
Ich werde ganz verschlafen, wenn der Thomas
Von seinen Sachen uns berichten will.
Doch wenn mein lieber Vater seine Märchen
von unsrer Burg nach Hause bringt, und oft
durch viele Stunden seine eignen Worte
mit dem verbindet, was er uns erzählt,

so hör' ich gerne ohne Ende zu.
Die Cilli spricht gar oft vom frommen Sinn,
der mir nach ihrer Meinung fehlen soll.
Ich fühle aber rechte Frommigkeit,
wenn ich die Märchen mir vor Augen stelle,
und mich an ihnen herzlich freuen kann.

– – – – – – – – – – – – – – – –

(Joseph Kühne, Frau Kühne und Berta gehen ab.)

(Es betreten nach einer Pause Bauern die Wiese.)

1. Bauer:
Es ist mein Oheim gestern heimgekommen.
Es hat sich lange Zeit in Böhmen
als Bergmann redlich durchgeschlagen.
Er weiß gar vieles zu erzählen,
das er auf seiner Reise hat gehört.
Die Aufregung ist überall vorhanden.
Man rückt den Geistes-Rittern jetzt zu Leibe.
Auch gegen unsre Bundesbrüder
ist nun schon alles vorbereitet.
Die Burg wird bald belagert werden.

2. Bauer:
Sie sollen nur nicht lange warten lassen.
Es wird bei uns gewiß so mancher
sich ihnen gern als Kämpfer zugesellen.
Ich werde sicher zu den ersten zählen.

1. Bäuerin:
Du wirst in dein Verderben rennen.
Wer kann so unverständig sein,
und nicht bedenken wollen,
wie stark die Burg befestigt ist.
Der Kampf wird furchtbar sein.

2. Bäuerin:
Die Bauern sollten sich nicht mischen
in Dinge, die sie nicht verstehn.
Statt dessen zieht so mancher jetzt
von Ort zu Ort in unsrer Gegend
und schürt recht fleißig die Empörung.
Man hat es schon so weit gebracht,
daß Kranke hilflos jammern müssen.
Der gute Mann, der früher
so vielen Menschen hilfreich war,
er kann nicht mehr die Burg verlassen:
man hat ihn furchtbar zugerichtet.

3. Bäuerin:
Verbittert waren eben viele Menschen,
als sie gehört, woher die Krankheit kommt,
die unter unsern Kühen ausgebrochen – –:
Der Jude hat sie ihnen angezaubert.
Er heilt die Menschen nur zum Schein,
damit er mit den Höllenkräften
den Zwecken böser Mächte dienen kann.

3. Bauer:
Mit allem Schwätzen von der Ketzerei
war wenig auszurichte,
die Leute hatten, was sie brauchten,
und kames so zu weiter nichts,
als daß sie sich mit üblen Reden
die freie Zeit vertrieben.
Da hat geschickt ein Menschenkenner
den Unsinn ausgesonnen,
der Jude hätte unser Vieh verzaubert.
Da brach der Sturm erst los.

4. Bauer:
Ich denk', ihr könntet alle wissen,
was Krieg und Kriegsnot heißt.
DieVäter haben uns erzählt,
was sie erleben mußten
in jenen Zeiten, als das Land
von Truppen überall besetzt gewesen.

5. Bäuerin:
Ich hab es immer schon gesagt:
es muß die Herrlichkeit verschwinden.
Mir hat ein Traum schon vorgestellt,
wie wir den Truppen dienen können,
die zur Belagerung erscheinen,
und sie recht gut versorgen.

6. Bauer:
Ob Träume uns noch glaubhaft sind,
das wollen wir nicht fragen.
Die Ritter wollten uns gescheiter machen
als unsre Väter waren.
Sie sollen jetzt erfahren,
wie wir viel klüger sind geworden.
Die Väter haben sie hereingelassen;
Wir werden sie verjagen.
Ich kenne die geheimen Schliche,
durch die man in die Birg gelangt.
Ich war darin in Arbeit,
bis mich der Zorn herausgetrieben hat.
Ich will den Rittern zeigen,
daß Wissenschaft uns nützen kann.

4. Bäuerin:
Der denkt gewiß an gute Dinge nicht,
mir wurde angst bei seiner Rede.

5. Bauer:
Mir hat sich schon im Geistesbild gezeigt,
wie ein Verräter auf geheimen Wegen
die Feinde in die Burg geleitet.

6. Bäuerin:
Ich finde solche Bilder ganz verderblich.
Wer christlich jetzt noch denken kann,
der weiß, daß Ehrlichkeit,
und nicht Verräterei,
vom Bösen uns befreien wird.

6. Bauer:
Ich laß die Leute reden
Und tu', was nützen kann.
Gar mancher schilt als Unrecht,
was er nicht selbst verrichten kann,
weil er den Mut nicht hat.
Doch laßt uns weitergehn;
es kommt des Weges schon der Pater.
Wir wollen ihn nicht stören. –
Ich konnte ihm doch sonst
so leicht in allem folgen,
doch heute war in seiner Predigt
mir manches Wort recht unverständlich.
(Die Bauern gehen nach dem Walde zu ab.)
(Es kommt nach einr Pause der Mönch über den Wiesenweg.)

Mönch:
Der Seele Wege müssen sich verwirren,
wenn sie dem eignen Wesen folgen will.
Es konnte nur die Schwäche meines Herzens
die Wahngestalten mir vor Augen stellen,
als ich in jenem Hause mich befand.
Daß sie im Streit sich vor mich stellen mußten,

es zeigt doch nur, wie wenig noch in mir
die Seelenkräfte sich vereinen können.
Ich will deshalb von neuem mich bestreben,
im Innern mir die Worte zu entzünden,
die mir das Licht aus Geisteshöhen senden.
Nach andren Wegen kann nur der begehren,
dem Eigenwahn den Sinn verblendet hält.
Es kann die Seele nur den Trug besiegen,
wenn sie der Gnade würdig sich erweist,
die ihr das Geisteslicht aus Liebequellen
im Weisheitsworte offenbaren will.
Ich weiß, ich finde dich, du edle Kraft,
die mir beleuchten kann der Väter Lehren,
wenn ich des Eigendünkels Finsternissen
mit fromm ergebnem Herzen kann entfliehn.
(Der Mönch geht ab.)
(Es kommen nach einer Pause auf die Wiese Cäcilia, genannt Cilli, und Thomas.)

Cäcilia:
im stillen Beten mich dem Quell der Welt
mit ganzer Seele neigte, und die Sehnsucht
vereint mit ihm zu sein, mein Herz erfüllte,
da trat vor meinen Geist ein Lichtesschein –.
Es strömte eine milde Wärme aus,
es formte sich der Schein zum Menschenbilde,
das schaute mich mit sanftem Auge an,
und Worte tönten mir aus diesem Bilde.
Sie klangen so:
„Du wardst verlassen einst durch Menschenwahn,
du wirst getragen jetzt durch Menschenliebe,
so warte, bis die Sehnsucht finden wird
den Weg, der sie zu dir geleiten kann.“
So sprach das Menschenbild gar oft zu mir.

Ich konnte seine Worte mir nicht deuten;
die dunkle Ahnung doch erquickte mich,
daß sie sich mir dereinst erfüllen werden.
Und dann, als du, geliebter Bruder, kamst,
und ich zum erstem Mal dich sehen konnte,
da fühlte ich der Sinne Kraft entschwinnden, –
du glichest jenem Menschenantlitz ganz.

Thomas:
Es hat dich Traum und Ahnung nicht getäuscht,
es hat die Sehnsucht dich zu mir geleitet.

Cäcilia:
Und als du zur Gefährtin mich begehrtest,
da glaubt' ich, dich vom Geiste mir bestimmt.

Thomas:
Daß uns der Geist zusammenführen wollte,
fürwahr, es zeigt sich uns mit voller Klarheit,
obgleich wir ihn erst mißverstanden haben.
Als ob er mir das Weib bescheren wollte,
so schien es mir, als ich dich kennenlernte.
Ich fand die früh verlorne Schwester wieder!

Cäcilia:
Und nun soll nichts uns ferner trennen können.

Thomas:
Und doch, wie vieles stellt sich zwischen uns!
Die Pflegeeltern sind so eng verbunden
Der Brüderschaft, die ich verwerfen muß.

Cäcilia:
Sie sind von Lieb' und Güte ganz erfüllt,
du wirst an ihnen gute Freunde haben.

Thomas:
Es wird mein Glaube mich von ihnen trennen.

Cäcilia:
Du wirst durch mich den Weg zu ihnen finden.

Thomas:
Es hat der liebe Kühne starren Sinn:
es wird ihm stets als Finsternis nur gelten,
was mir doch alles Lichtes Quelle ist.
Ich habe mich in reifen Jahren erst
zu diesem Weisheitslichte wenden dürfen.
Was ich als Kind von ihm vernommen habe,
ist meinem Geiste kaum bewußt geworden,
und später war ich nur darauf bedacht,
die Wissenschaft mir richtig anzueignen,
die mir das Leben unterhalten sollte.
Und hier erst konnte ich den Führer finden,
der mir die Seele hat befreien können.
Die Worte, welche er mich hören ließ,
sie tragen aller Wahrheit echte Zeichen.
Es spricht in solcher Art, daß Herz und Kopf
Zugleich der Lehre sich ergeben müssen,
die er voll Milde und voll Güte gibt.
Vorher verwandte ich die Größte Mühe,
die andre Geistesart mir klar zu machen.
Ich fand, daß sie in Irrtum führen muß.
Sie hält sich nur an jene Geisteskräfte,
die wohl im Erdentreiben sicher führen,
doch nicht zu höhern Welten führen können.
Und wie soll ich den Weg nun finden können,
zum Herzen solcher Menschen, die alles Heil
von diesem Irrtum nur erwarten wollen.

Cäcilia:
Ich höre deine Worte, lieber Bruder;
sie scheinen nicht vom Frieden eingegeben.
Mir aber ließe sie ein Friedensbild
aus frühern Tagen vor die Seele treten.
Am Karfreitag war's, vor vielen Jahren,
da sah ich auch das Bild, von dem ich sprach.
Es sagte mir zu jener Zeit der Mann,
der meines lieben Bruders Züge trug:
„Aus Gottessein erstand die Menschenseele,
sie kann in Wesensgründe sterbend tauchen,
sie wird dem Tod dereinst den Geist entbinden."
Erst später ist mir klar bewußt geworden,
daß dieses unsrer Ritter Wahlsprich ist.

Thomas:
O Schwester, so muß mir aus deinem Munde
der böse Spruch ertönen, der den Gegnern
als höchster Geisteswahrheit Inhalt gilt.

Cäcilia:
Ich bin im Herzen gänzlich abgeneigt
den äußern Taten dieser Ritterschaft,
und bin dem Glauben treu, der dich erbaut.
Doch niemals konnte ich mich überzeugen,
daß nicht in Christi Spuren wandeln sollten
die Menschen, die als ihrer Lehre Ziel
sich so die Seelenpfade vorgezeichnet.
Ich bin des Geistes treu ergebne Schülerin,
und muß bekennen, daß ich glauben will,
es habe meines Bruders Geist an jenem Tage
von Seelenfriedenszielen sprechen wollen.

Thomas:
Durcch Schicksalsmächte scheinen unserm Leben
Die Seelenfriedensziele nicht bestimmt,
sie haben unsern Vater uns genommen
in jener Stunde, die ihn uns gegeben.

Cäcilia:
Es raubt der Schmerz mir alle Sinnenklarheit,
wenn ich duch so vom Vater sprechen höre.
Dein Herz, es zieht dich liebend hin zu ihm,
und doch erbebst du, wenn du denken willst,
im Leben noch mit ihm vereint zu sein.
Du folgst in Treue unserm weisen Führer,
und kannst nicht hören, wenn der Liebe Botschaft
so herzlich strömt durch seiner Worte Kraft.
Vor einem dunklem Rätsel fühl' ich mich:
ich seh' dein gutes Herz und deinen guten Glauben,
und kann nur schaudernd vor dem Abgrund stehn,
der zwischen beiden furchtbar sich vertieft.
Und lebte tröstend mir die Hoffnung nicht,
daß Liebe siegend sich stets zeigen muß,
so fehlte mir der Mut, dies Leid zu tragen.

Thomas:
Es ist dir noch verborgen, liebe Schwester,
wie zwingend sich Gedankenkraft erweist,
wenn sie des Menschen Seele ganz ergreift.
Nicht steht der Sohn dem Vater hier entgegen,
Gedanke wendet von Gedanke sich, – –
Ich fühle seine Macht in meiner Seele,
sich ihr zu widersetzen, wäre mir
des eignen Wesens wahrer Geistestod.
(Der Vorhand fällt, während noch Thomas und Cäcilia auf der Wiese sind.)

Mein lieber Bruder, wenn ich oft inbrünstig
Das Folgende ist die Fortsetzung der Ereignisse, die in den ersten fünf Bildern dargestellt sind.
Dieselbe Landschaft wie im fünften Bilde. (Capesius erwacht aus der Vision welche ihm seine vorige Inkarnation vor die Seele gestellt hat.)

Zehntes Bild

Capesius:
O diese fremde Gegend! Eine Bank,
ein Häuschen und ein Waldesgrund vor mit ...
Ob ich sie kenne? Sie verlangen dringlich,
daß ich sie kenne. Sie bedrücken mich.
Sie legen sich auf mich wie schwere Lasten.
Sie scheinen Wirklichkeit. Doch nein, dies alles –
Ist nichts als Bild, aus Seelenstoff gewoben.
Ich weiß, wie diese Bilder sich aus Sehnsucht
und aus dem Seelendurst gestaltet haben.
Ich tauchte, wie erwachend aus der Sehnsucht –
und aus dem weiten Geistesmeere auf.
Erschauernd schreckhaft steigt Erinnerung
an diese Sehnsucht mir aus Seelengründen.
Wie brannte doch ihr Durst nach Daseinswelten;
die Wahneslust, die aus Entbehrung kam,
verbrannte meine ganze Wesenheit.
Ich mußte stürmisch nach dem Sein begehren,
und alles Dasein wollte mich nur fliehen.
Ein Augenblick, der Ewigkeit mir dünkt,
ergoß in meine Seele Leidensstürme,
die nur ein volles Leben bringen kann.
Und *vor* dem Sehnsuchtsschrecken stand vor mir,
was diesen Schrecken mir erschaffen hatte.
Ich fühlte mich zum Weltenall erweitert,

und aller eignen Wesenheit beraubt – –.
Doch nein, der war nicht ich, der so empfand,
ein andres Wesen, das aus mir entsprang.
Erwachsen sah ich Mensch und Menschenwerk,
aus Weltgedanken, die den Raum durcheilten
und wesend sich zur Offenbarung drängten.
Sie stellten eine ganze Lebenswelt
mir vor die Augen bildhaft greiflich hin.
Sie nahmen mir aus meinem Seelenstoff
Die Kraft, um aus Gedanke Sein zu schaffen.
Je mehr die Welt vor mir sich dichten konnte,
verlor ich selbst an meinem Eigenfühlen.
Und Worte tönten aus der Bilderwelt,
sie drangen auf mich ein, sich selber denkend.
Sie schufen aus den Lebensmängeln Wesen
und gaben ihnen Kraft aus guten Taten.
Sie klangen aus den Raumesweiten mahnend:
„O Mensch, erkenne dich in deiner Welt."
Ich sah ein Wesen, das vor mich gestellt,
mir meine Seele als die seine zeigte.
Und jene Weltenworte sprachen weiter:
„So lang du nicht in deine Lebenskreise
dies Wesen ganz verwoben denken kannst,
bist du ein Traum, dich selber träumend nur."
Ich konnte nicht in klaren Formen denken,
nur Kräfte wirksam schauen, die verworren
vom Nichts in Sein, vom Sein ins Nichts sich drängten.
Doch strebe ich im Geiste weiter rückwärts,
erinnernd mich, was ich vor diesem schaute,
so steht ein Lebensbild vor meiner Seele,
das nicht verworren ist wie alles war,
was ich in spätern Augenblicken fühlte,
das klar vielmehr mir Mensch und Menschenwerk
in allen Einzelheiten deutlich zeigt.

Es ist in diesem Bilde mir vertraut,
wer jene Menschen sind, und was sie tun:
Ich kenne alle Seelen, die ich schaue,
doch sind die Leibesformen umgestaltet.
Ich blick' auf alles dies, wie wenn ich selbst
als Wesen dieser Welt mich fühlen müßte,
und trotzdem läßt mich kalt und ohne Fühlen,
was gleich dem vollen Leben vor mir steht.
Es scheint, als ob die Wirkung auf die Seele,
sich für den spätern Augenblick bewahrte,
der mir jetzt früher vor dem Geiste stand.
In eines Geistesbundes Mitte konnt' ich
mich selbst und andre Menschen wohl erkennen.
doch so, wie man ein Bild aus alter Zeit
Gedächtnisquellen sich entringen fühlt.
Ich schaue Thomas, meinen Sohn, als Bergmann,
und muß der Menschenseele mich entsinnen,
die als Thomasius mir sonst sich zeigte.
Das Weib, das mir als Seherin bekannt,
es tritt als leiblich Kind vor meine Augen.
Maria, die Thomasius befreundet,
sie offenbart sich in des Mönches Kleid,
der unsre Geistesbrüderschaft verdammt,
und Strader trägt des Juden Simon Antlitz.
In Joseph Kühne und in seinem Weibe
erblick' ich Felix' und Felicias Seele.
Ich kann der andren Menschen Leben
und auch mein eignes deutlich überschauen.
Doch da ich mich noch ganz ihm hingegeben,
entschwindet alles meinem Geiste wieder.
Empfinden kann ich, wie die Seelenstoffe,
aus welchen jenes Bild gewoben war,
in meine eigne Seele sich ergießen.
Mich aber fühle ich von Seligkeit

in meiner ganzen Wesenheit ergriffen.
Befreit erschein' ich mir von Sinnenschranken,
mein Sein, es ist zum Weltenall erweitert. –
So fühle ich den langen Augenblick,
den ich durchleben konnte, ehe ich
vor jenem Lebensbilde mich befunden.
Und weiter noch zurück kann ich jetzt schaun – –
Verdichtend sich, aus Weltgedankenkraft,
erscheint vor meinen Blicken dann der Wald,
das Haus, in welchem mir Felicia und Felix
so oft in Lebenssorgen Trost gewährten.
Und jetzt – ich finde in der Welt mich wieder,
aus der ich mich entfernt noch eben fühlte
durch Erdenzeiten und durch Weltenfernen.
Und was ich jüngst noch fühllos schauen konnte:
Das Bild, das mich mir selber hat gezeigt,
es legt sich Seelennebelformen gleich
vor alles hin, was jetzt die Sinne fühlen.
Zum Alp wird mir das Bild, der mich bedrückt.
Es wühlt in meinen Seelentiefen.
– – – – – – – – – – – – – – – –
Er öffnet Weltentore, Raumesweiten
– – – – – – – – – – – – – – – –
Was stürmt in meinen Wesensgründen,
was dringt in mich aus Weltenfernen?
– – – – – – – – – – – – – – – –
(Eine Stimme als Geistgewissen):
Erfühle, was du geschaut,
erlebe, was du getan.
Du bist dem Sein nun neu entstanden.
–
Du hast geträumt dein Leben.
Erwirk' es dir
Aus edlem Geisteslicht;

Erkenne Daseinswerk
mit Seelenblickeskraft.
Vermagst du dieses nicht,
bist wesemlosen Nichts
in Ewigkeit verbunden.

(Vorhang fällt, während Capesius noch anwesend ist.)

Elftes Bild

Dasselbe Meditationszimmer wie im zweiten Bilde. (Maria, Ahriman.)

Ahriman:
Benedictus hat die Gedankenfäden
mit List gesponnen, denen du gefolgt.
Sie haben dich in Irrtum wohl verstrickt.
Thomasius und auch Capesius,
sie sind desselben Wahngesichtes Opfer.
Zugleich mit deinem, fielen ihre Blicke
auf langvergangner Erdentage Leben.
Ihr sicht seither in jener Zeit das Dasein,
das eurer Gegenwart vorangegangen.
Ihr werdet Irrtum nur aus Irrtum zeigen,
wenn ihr euch wollt dadurch bestimmen lassen,
dem Erdenpfade Pflichten vorzuzeichnen,
die eures Wahneswissens Folge sind.
Daß Benedictus nur aus deinem Hirn
die Bilder nahm, und sie in frühe Zeiten setzte:
dies kannst du klar aus eignem Wissen finden.
Du sahst die Menschen deiner eignen Tage
verschieden kaum von jenen alten Zeit.
Du sahest Mann als Mann und Frau als Frau,
und auch die Eigenschaften waren ähnlich.
Es kann dir so kein Zweifel mehr bestehn,

daß du nicht Wahrheit, sondern nur den Wahn
der eignen Seele mit dem Geistesauge
in graue Vorzeit dir zurückverlegtest.

Maria:
Ich schaue dich als aller Täuschung Vater,
doch weiß ich auch, daß du oft Wahrheit
sprichst.
Und wer verwerfen wollte jeden Rat,
den er durch deine Worte kann erhalten,
der müsste schwersten Irrtums Opfer werden.
Wie Wahn der Wahrheit Maske sich bedient,
um Menschenseelen sicher einzufangen,
so kann der Mensch sich leicht dem Trug ergeben,
wenn er nur stets an allen Irrtumsquellen
in feiger Furcht vorbei sich schleichen wollte.
Nicht Wahn allein verdanket dir die Seele:
Auch jene Macht entstammt dem Geist des Truges,
die Menschen sichre Urteilskraft verleiht.
Drum will ich mich dir frei entgegenstellen.
Ergriffen hast du mich an jenem Seelenteil,
der wachsam stets sich selbst bewahren muß.
Erwäg' ich alle Gründe, welche du
mir eben klug berechnend vorgehalten,
so scheint nur eignen Hirnes Bildgestalt
in frühe Erdentage hinversetzt.
Doch frag' ich dich, ob deiner Weisheit sich
für alle Erdenzeiten Pforten öffnen?

Ahriman:
In keinem Geistesreiche leben Wesen,
die sich mir feindlich dann entgegenstellen,
wenn ich in Erdenzeiten Einlaß brauche.

Maria:
Die hohen Schicksalsmächte haben weise
in dir den Widersacher sich bestellt,
du förderst alles, das du hemmen willst.
Du bringst den Menschenseelen Freiheitsmacht,
wenn du in ihre Seelengründe dringst.
Von dir entspringen die Gedankenkräfte,
die Ursprung zwar der Wissens-Truggebilde,
doch auch des Wahrheitsinnes Führer sind.
Es gibt nur Ein Gebiet im Geisterland,
in dem das Schwert gewschmiedet werden kann,
vor dessen Anblick du verschwinden mußt.
Es ist das Reich, in dem die Menschenseelen
sich aus Verstandeskräften Wissen bilden,
und dann zur Geistesweisheit umgestalten.
Und kann ich mir in diesem Augenblicke richtig
das Wahrheitswort zum Schwerte schmieden,
so wirst du diesen Ort verlassen müssen.
So höre du, der Vater ist der Täuschung,
ob ich vor dir die Siegeswahrheit spreche.
Es gibt im Erdenwerden solche Zeiten,
in welchen alte Kräfte langsam sterben
und sterbend schon die neuen wachsen sehn.
In solcher Zeitenwende fanden ich
und meine Freunde uns im Geist vereint,
als sie die frühern Erdenleben suchten.
Es wirkten damals wahre Geistesmenschen,
die sich zur Seelenbrüderschaft verbanden,
und aus der Mystik Reich sich Ziele holten.
In solchen Erdentagen werden Keime
in Menschenseelen sorgsam eingepflanzt,
die lange Zeit zur vollen Reife brauchen.
Die Menschen müssen dann im nächsten Leben
noch Eigenschaften aus dem frühern zeigen.

Es werden viele Männer solcher Zeiten
in einem nächsten Leben wieder Männer,
und viele Frauen werden Frauen wieder.
Es ist dann auch die Zeitenlänge kürzer,
als jene, die sonst zwischen Leben liegt.
Es fehlet dir für solche Zeitenwenden
der sichre Blick. Deshalb vermagst du nicht
ihr Werden irrtumlos zu überschauen.
Gedenke, wie wir uns begegnet sind
im Hause jener Geistesbrüderschaft
und du mit Worten sprachst, die mir den Selbstsinn
in tiefster Seele schmeichelnd lösen sollten.
Erinnerung für diese Zeit verleiht
mir jetzt die Kraft, mich dir zu widersetzen.
(Ahriman entfernt sich mit einer unwilligen Geberde, Donner.)

Maria:
Er hat die Stätte so verlassen müssen,
die Benedictus Segen oft empfangen.
Mir aber hat sich herrlich offenbart,
wie leicht der Irrtum Seelen kann befallen,
die ohne Wachsamkeit dem Geistgehör
sich öffnen, und die sichren Wege meiden..
Es hat der Widersacher starke Kräfte,
des Lebens Widersprüche zu betonen,
und so den Seelen Sicherheit zu rauben.
Er muß verstummen, wenn das Licht erscheint,
das aus den Weisheitsquellen selber leuchtet,
und Geistesblicken Helligkeit verleiht.

(Vorhang fällt, während Maria noch im Zimmer ist.)

Zwölftes Bild

Dasselbe Zimmer wie im vorigen Bild. (Johannes und Lucifer.)

Lucifer:
Erkenne an Capesius die Früchte,
die reifen müssen, wenn die Seelen sich
dem Geistgebiet zu früh erschließen wollen.
Er kennt die Worte seines Lebensbuches
und weiß, was ihm obliegt für viele Leben.
Doch Leid, das nicht im Schicksalsplane liegt,
ersteht aus Wissen, dem die Kräfte fehlen,
zu Taten sich im Leben umzubilden.
Ob dieses oder jenes kann gelingen,
das liegt an eines Menschen Willensreife.
Bei jedem Schritt, den er ins Leben macht,
wird jetzt Capesius sich fragen müssen:
Erfülle ich auch jedes Pflichtgebot,
das aus dem frühern Leben mir erwachsen?
So breitet sich ein Licht ihm über alles,
das ihm das Auge schmerzlich blenden muß,
und das doch nimmermehr ihm helfen kann.
Es tötet Kräfte, die im Unbewußten
der Menschenseele sichre Führer sind,
und kann Besonnenheit doch nicht erhöhn.
So lähmt es nur des Leibes starke Macht,
bevor die Seele sie bemeistern kann.

Johannes:
Ich kann den Irrtum meines Lebens schauen.
Ich raubte meinem Leib die Seelenkraft
und trug sie stolz in hohe Geisterreiche.
Doch nicht ein ganzes Menschenwesen ward
auf diesem Weg dem Lichte zugeführt.
Ein leichter Seelenschatten war es nur.

Er konnte schwärmen für die Geistesweiten,
und Eins sich fühlen mit den Schöpfermächten.
Er wollte mit dem Lichte selig leben,
und in der Farbe Lichtes-Taten schauen.
Als Künstler meinte er das Geistessein
in Sinneswelten schaffend nachzubilden.
Das Wesen, das von mir die Züge lieh,
es hat mir furchtbar wahr mich selbst gezeigt.
Ich träumte nur von reinster Seelenliebe,
im Blute aber wühlte Leidenschaft –
Ich durfte jetzt den Erdenweg erblicken,
der dieses Lebens echter Schöpfer ist.
Es zeigt mit, wie ich wahrhaft streben muß.
Die Geisteswege, welche ich gewandelt,
wie soll die Seele sie verfolgen können,
die vor dem gegenwärt'gen Erdenpfad
in Thomas' Leibe ihre Hülle fand?
Wie er das Leben sich gestaltet hat,
das muß mit jetzt das Ziel vor Augen stellen.
Erreichen wollte ich in diesem Dasein,
was mit erst später wahrhaft fruchten kann.

Lucifer:
Es muß mein Licht dich sicher weiterführen,
wie du bis jetzt von ihm dich führen ließest.
Der Geistesweg, den du betreten hast:
er kann den Geist der Höhenwelt vermählen,
doch deiner Seele bringt er Finsternis.

Johannes:
Was hat ein Mensch erreicht, der seelenlos
dem Geisterland sich überliefern muß!
Er ist am Ende seiner Erdenzeiten
nur jenes Wesen wieder, das er war,
als seine Menschenform im Urbeginn

sich aus dem Weltenschoße lösen durfte.
Wenn ich den Trieben mich ergeben werde,
die aus den unbewußten Seelentiefen
nach Lebensinhalt machtvoll drängen,
dann wirkt in mir das ganze Weltenall.
Ich weiß dann nicht, was mich zum Handeln treibt,
doch ist's gewiß der Weltenwille selbst,
der mich nach seinen Zielen vorwärts lenkt.
Und er muß wissen, was das Leben soll,
auch wenn Erkenntnis ihn nicht fassen kann.
Was er im vollen Menschenwesen schafft,
ist Lebensreichttum, der die Seele bildet.
Ich will mich ihm ergeben und nicht weiter
durch eitles Geistesstreben ihn ertöten.

Lucifer:
In diesem Weltenwillen wirke ich,
wenn er durch Menschenseelen kraftvoll strömt.
Sie sind ein Glied an höhern Wesenheiten,
so lang sie mich nicht voll erleben konnten.
Ich mache sie zum wahren Menschen erst,
der sich als Selbst ins Weltall fügen kann.

Johannes:
Seit lange glaubt' ich dich schon ganz zu kennen,
doch lebte mir im Innern nur ein Schemen,
den Geistesschau von dir mir vorgebildet.
Ich muß dich fühlen, muß dich wollend
leben;
Dann kann ich künftig dich auch überwinden,
wenn so mein Schicksalsplan es fügen will.
Das Geisteswissen, das ich früh erlangt,
es ruhe mir fortan im Seelengrunde,
bis meine Lebenstriebe selbst es wecken.
Vertrauensvoll ergeb' ich mich dem Willen,

der weiser als die Menschenseele ist.
(Johannes geht mit Lucifer ab.)

(Vorhang fällt.)

Dreizehntes Bild

Der Sonnentempel; die verborgene Mysterienstätte der Hierophanten. (Ahriman, Lucifer; die drei Seelengestalten, Strader; Benedictus, Theodosius, Romanus; Maria.)

(Es treten zuerst Lucifer und Ahriman ein):

Lucifer:
Als Sieger steht vor dir der Wunschgebieter, –
er hat die Seele sich erobern können,
die auch im Licht der Geistessonne
noch unserm Reich verwandt sich fühlen mußte.
Ich konnte noch im rechten Augebblicke
den Blick ihm blenden für den Lichtesschein,
dem sie nur träumend sich ergeben hatte.
Doch alle Hoffnung muß mir wieder schwinden,
daß uns der Sieg im Geisthebiet gelingen kann,
da jetzt ich mich zum Kampfgenossen wende.
Du konntest dir die Seele nicht erobern,
die unser Werk zum Ziele führen müßte.
–
So kann ich nur für kurze Erdenzeiten
die Menschenseele, die sich mir ergeben,
in unsern Reichen zwecklos mir erhalten,
und muß sie kann den Gegnern wiedergeben.
Zum vollen Siege ist die Zweite nötig,
die deinem Wirken sich entzogen hat.

Ahriman:
Ungünstig meinem Wirken ist die Zeit,
ich finde keinen Zugang zu den Seelen.
Schon nahet eine, die ich stark durchwühlte.
Noch ohne Geisteswissen ist sie hier,
doch führt Verstandeszwang sie kräftig weiter.
So muß ich ihr an diesem Orte weichen,
den sie bewußtlos nur betreten kann.
(Ahriman verschwindet.)
(Die drei Seelengestalten mit Strader.)

Philia:
Ich will erfüllen mich
mit Glaubenslichtgewalt;
ich will eratmen mir
Vertrauenslebekraft
aus Seelenstrebelust:
daß den Geisteschläfer
dem Licht erwecken kann.

Astrid:
Ich will verweben
erhaltnes Offenbarungswort
mit ergebner Seelenfreude.
Ich will verdichten
die Hoffnungsstrahlen.
Es soll im Finstern leuchten,
es soll im Lichte dämmern:
daß den Geistesschläfer
die Kräfte tragen können.

Luna:
Ich will erwärrrmen Seelenlicht,
und will erhärten Liebekraft.
Sie sollen sich erkühnen,

sie sollen sich erlösen,
und sich erhebend
Gewicht sich geben wollen:
daß den Geistesschläfer
verlassen Weltenlasten
und ihn befreien kann
der Seele Lichteslust.
(Es treten ein: Benedictus, Theodosius und Romanus.)

Benedictus:
Berufen hab' ich euch, die ihr Gefährten
mir seid im Suchen nach dem Geisteslicht,
daß zu den Menschenseelen strömen soll.
Ihr kennt der Seelensonne Wesenheit:
sie leuchtet oft in vollster Mittagshelle
und dringt in andern Zeiten dämmernd nur
in Seelentraumesnebel kraftlos ein.
Und oft muß sie den Finsternissen weichen.
Des Tempeldieners Geistesblick muß dringen
in Seelentiefen, welche kraftvoll strahlet
das Geisteslicht aus Weltenhöhenorten.
Er muß jedoch auch dunkle Ziele finden,
die unbewußt in Seelenfinsternissen
des Menschen Werdekräfte lenken wollen.
Die Geisteswesen, die der Menschenseele
aus Weltenmächten Geistesnahrung spenden,
sie sind im Weihetempel jetzt erschienen,
zu lenken eines Mannes Seelenziel
aus Geistesnacht ins Reich des Höhenlichts.
Er ist vom Wissensschlafe noch umfangen;
doch schon erklangen ihm die Geistesrufe
in unbewußten Wesensuntergründen.
Was sie in seiner Seele Tiefen sprachen,
wird bald zum Geistgehör auch dringen können.

Theodosius:
Es konnte diese Seele sich bisher
im Geisteslichte noch nicht wiederfinden,
das durch die Sinnesoffenbarung strahlet
und alles Erdenwerdens Sinn enthüllt.
Sie sah den Gottesgeist naturentblößt,
und gottentfremdet, was natürlich ist.
So mußte sie durch viele Erdenleben
sich fremd dem Sinn des Daseins gegenüberstellen,
und konnte stets nur solche Leibeshüllen
zum Werkzeug ihres Eigenwesens finden,
die sie von Welt und Menschenwesen trennten.
Sie wird im Tempel sich die Kraft erwerben,
das fremde Sein als eignes zu empfinden
und so sich auch die Macht gewinnen können,
die aus Gedankenlabyrinthen führt
und nach den Lebensquellen Wege weist.

Benedictus:
Ein andrer Mann erstrebt des Tempels Licht;
Er wird erst künftig unsren Pforten nahen
und diesen Weiheort betreten wollen.
Er hat gepflanzt in ernstem Forscherleben
des Denkens Keime in die Seelengründe.
So mußte sie das Geisteslicht erreichen
und außerhalb des Tempels reifen lassen.
Er konnte schauen, wie sein Erdendasein
als Folge eines andern sich erweist,
das er in langvergangner Zeit erlebt.
Er ist sich nun der Fehler jenes Lebens
und ihrer Wirkung vollbewußt beworden.
Ihm fehlt die Kraft, die Pflichten zu erfüllen,
die er durch Selbsterkenntnis fühlen kann.

Romanus:
Capesius soll durch des Tempels Kraft
erkennen, wie in einem Erdenleben
der Mensch mit Pflichten sich beladen muß,
die erst durch viele Lebenspilgerfahrten
in vollem Maße sich erfüllen können,
daß seine Seele alter Fehler Wirkung
noch durch die Todespforte tragen muß.
Er wird als Sieger sich bewähren können
im Kampfe, der die Geistespforten öffnet,
wenn er dem Wächter kühn ins Auge schaut,
der vor des Geisterlandes Schwelle steht.
Es wird ihm dieser Hüter offenbaren,
daß niemand zu den Lebenshöhen kommt,
den furchtsam macht des Daseins Schicksalsbuch.
Er wird sich mutvoll zu der Einsicht wenden,
daß Selbsterkenntnis Schmerzen zeugen muß,
für die sie selbst nicht Trostesworte kennt.
Es wird der Wille ihm Genosse werden,
der mutig sich der Zukunft übergibt
und, durch der Hoffnung Kräftequell gestärkt,
Erkenntnisschmerzen sich entgegenstellt.

Benedictus:
Ihr, meine Brüder, habt in dieser Stunde,
als unsres Tempels treu ergebne Diener,
die Wege euch in Weisheit vorgezeichnet,
in welchen ihr die beiden Geistessucher
zu ihrer Seelen Zielen führen könnt.
Noch andres Werk verlangt des Tempels Dienst.
Ihr seht den Wunschgebieter uns zur Seite;
er durfte diese Weihestatt betreten,
weil ihm Johannes' Seele öffnen konnte
die Pforten, die ihm sonst verschlossen sind.

Der Bruder, dem wir unsre Weihe gaben,
ihm fehlt in diesen Zeiten noch die Kraft,
den Worten mutig Widerstand zu leisten,
die aus den Finsternissen sich erschaffen.
Ihm werden gute Kräfte erst erstarken,
wenn sie am Gegensatz sich recht empfinden.
So wird er bald in unsrem Tempel wieder
von Bruderliebe warm umfangen sein.
Doch muß sein Geistesschatz behütet werden,
da er in Finsternisse tauchen will.
(Zu Lucifer sich wendend.)
An *dich* muß ich mich wenden, der nicht lange
den Ort beherrschen darf, an dem er steht.
Es kann in dieser Zeit des Tempels Macht
Johannes' Seele dir noch nicht entreißen,
doch wird sie künftig wieder unser sein,
wenn unsrer Schwester Früchte reifen werden,
die wir als Blüten schon erkennen können.
(Maria erscheint.)
Sie durfte im vergangnen Erdenleben
erblicken, wie Johannes ihr verbunden.
rs folgte ihren Spuren schon in Tagen,
da sie noch selbst sich widersetzen wollte
dem Licht, dem sie nun voll ergeben ist.
Wenn Seelenbande sich so stark erweisen,
daß sie des Geistes Wandlung überdauern,
dann wird des Wunschgebieters Macht gewiß
an ihrer Festigkeit zerbrechen müssen.

Lucifer:
Es mußte Benedictus' eigner Wille
Johannes' und Marias Seelen trennen.
Und wo sich Menschen voneinander sondern,
da ist für meine Macht das Feld bereitet.

Ich forsche stets nach Seelensondersein,
um freies Erdensein für Ewigkeiten
von aller Weltenknechtschaft zu erlösen.
Marias Wesen hat im Mönchgewande
die Seele von dem Vater abgewandt,
die jetzt Johannes' Leibesform belebt.
Auch dies hat mir die Keime zubereitet,
die ich zur Reife sicher bringen kann.

Maria: (an Lucifer gewendet)
Es gibt im Menschenwesen Liebequellen,
zu denen deine Macht nicht dringen kann.
Sie öffnen sich, wenn alte Lebensfehler,
die unbewußt der Mensch auf sich geladen,
in spätern Erdenleben mit dem Geist
geschaut und durch den freien Opferwillen
in Lebenstaten umgewandelt werden,
die wahrem Menschenheile Früchte bringen.
Mir haben Schicksalsmächte schenken wollen
den Blick, dem Vorzeittage sichtbar sind;
und auch die Zeichen sind mir schon gegeben,
die mich den Opferwillen lenken lehren,
daß Heil erwachse jenen Menschenseelen,
mit deren Lebensfäden sich die meinen
im Erdenwerden stets verbinden müssen.
Ich sah in ihrem frühern Erdenleibe
Johannes' Seele sich vom Vater wenden
Und sah die Mächte, die mich selbst getrieben,
den Sohn dem Vaterherzen zu entfremden.
So steht mir jetzt der Vater gegenüber,
mich mahnend an die alte Lebensschuld.
Er spricht in jenen Weltenworten deutlich,
die sich in Lebenstaten Zeichen schaffen.
Was zwischen Sohn und Vater ich gestellt,

erscheinen mußt' es, nur in andrer Form
in *diesem* Leben, das Johannes' Seele
der meinen wieder eng verbunden hat.
In jenen Schmerzen, die ich tragen mußte,
als ich Johannes von mir trennen sollte,
erkenn' ich eigner Taten Schicksalsfolgen.
Wenn meine Seele Treue halten kann
dem Licht, das ihr die Geistesmächte spenden,
wird sie sich Kräfte schaffen durch die Dienste,
die sie Capesius vermag zu leisten
auf seiner schweren Lebenspilgerfahrt.
Sie wird von Kräften, die sie so erwirbt,
gewiß Johannes' Stern auch dann erschauen,
wenn er, von Wunschesfesseln abgelenkt,
den Weg nicht wandelt, den das Licht bestrahlt.
Erkennen wird sie aus der Geistesschau,
die sie geführt in ferne Erdentage,
wie sie gestalten soll die Seelenbande
in dieser Zeit, so daß die Lebenskräfte,
die aus der Dumpfheit sich bereitet haben,
im Sinn des Menschenheiles weiter wirken.

Benedictus:
Es formte sich in alten Lebenstagen
ein Knoten aus den Fäden
die Karma spinnt im Weltenwerden.
Ihm sind verwoben dreier Menschen Leben.
Es strahlet jetzt auf diesen Schicksalsknoten
Der Weihestätte hohes Geisteslicht.
An dich, Maria, muß ich mich jetzt wenden:
Von jenen Seelen bist nur du allein
In dieser Stunde an dem Opferorte.
Es möge dieses Licht in deinem Selbst
die Kräfte heilerschaffend weiter wirken,

die deine Lebensfäden einst den andern
zum Lebensknoten fest verbunden haben.
Der Vater konnte in dem frühern Sein
des Sohnes Herz nicht finden; doch jetzt wird
der Geistessucher deines Freundes Selbst
auf dessen Weg ins Geistesland begleiten.
Und dir erwächst die Pflicht, Johannes' Seele
Durch deine Kraft dem Lichte zu erhalten.
Wie du sie einst an dich gekettet hast,
so konnte sie dur nur in Dumpfheit folgen.
Du hast sie ihrer Freiheit überliefert,
als sie im Wahn dir noch ergeben war.
Du sollst sie wiederfinden, da sie selbst
sich ihre Eigenheit gewinnen will.
Wenn deine Seele Treue hält dem Licht,
das dir des Geisteslandes Mächte spenden,
dann wird Johannes' Seele nach der deinen
auch in des Wunschgebieters Reichen dürsten,
und durch die Liebe, die sie dir verbindet,
den Weg zum Höhenlichte wiederfinden.
Denn lebend dringt durch Licht und Finsternis
ein Wesen, welches Geisteshöhen durfte
aus eignen Seelentiefen wissend schauen.
Es hat geatmet aus den Weltenfernen
die Luft, die für die Ewigkeit belebt, – –
und lebend alles Menschensein erhebt
aus Seelengründen zu den Sonnenhöhen. – –

(Vorhang fällt.)